jesta touille

JESTA HILLMANN

jestatouille

65 RECETTES À RÉALISER SANS MODÉRATION

Photographies des recettes
Bernard Radvaner
Stylisme des recettes
Jesiel Maxan

Photographies des portraits
Laurent Moynat
Stylisme des portraits
Julie Soucail

hachette
CUISINE

Préface

Ma devise, qui va devenir la vôtre : « Zéro culpabilité, un maximum de plaisir ! »

« Jestatouille », ce merveilleux surnom qui m'a permis de me reprendre en main et de m'aimer de nouveau en changeant ma manière de manger. En effet, au cours de ma première grossesse, j'ai pris 28 kg et, après l'accouchement, je n'arrivais pas à retrouver ma silhouette d'avant sans vraiment comprendre pourquoi.

J'ai donc décidé d'enfiler mon tablier et de me pencher sérieusement sur une nouvelle façon de manger. C'était la seule solution car je n'aime pas spécialement faire du sport. Je voulais des résultats concrets mais, surtout, qui durent dans le temps.

J'ai décidé d'écrire ce livre d'abord pour référencer mes recettes préférées puis, surtout, pour vous. Oui, pour vous ! Car j'ai eu énormément de retours suite à ma perte de poids sur les réseaux sociaux du genre : « Comment tu as fait ? », ou encore : « On veut ton secret ! » Et c'est pourquoi je partage ici, avec beaucoup d'enthousiasme, plus de 65 recettes saines et équilibrées.

L'objectif est clair : améliorer votre alimentation. Car l'alimentation, c'est 80 % du travail !

Jesta

Sommaire

Mon parcours 8

Recettes du matin 17

Gâteau au yaourt 19
Toast protéiné 20
Porridge banane-chocolat noir 23
Toast figues-chèvre frais 24
Carrot cake 27
Pudding coco-chia 28
Smoothie vitaminé 31
Jus détox 32
Fondants au chocolat version haricots rouges 35
Flan allégé 36
Rochers avoine-chocolat 38
Toasts à l'œuf 41
Sandwichs au chocolat 42
Muffins matcha-choco 45
Cheesecake sans pâte 46
Brioches au chocolat 49
Granola maison 50
Muffins beurre de cacahuète 53
Porridge au four 54
Fondant coco 57

Recettes à base de viande 59

Légumes farcis 60
Lentilles façon chili con carne 63
Gratin d'aubergines 64
Salade mexicaine 67
Omelette épinards 68
Lasagnes de courgettes 71
Courgettes rondes farcies au poulet 72
Crêpes salées au sarrasin 75
Pizzas d'aubergine 76
Spaghettis de courgettes à la bolognaise 79
Fajitas healthy 80
Roulés d'aubergine à la coriandre 83
Cake aux légumes 84
Courge butternut farcie 87
Rouleaux de printemps 89

Recettes à base de poisson et fruits de mer 91

Roulés saumon et fromage frais 0% 92
Avocado toast et œuf poché 95
Fondue de poireaux et saumon 96
Poisson blanc aux agrumes 99

Konjac aux saint-jacques 100
Salade hawaïenne........................ 103
Courgettes farcies au thon 104
Salade saumon-avocat................... 106
Pad thaï 109
Poivrons farcis froids 110
Flan saumon-brocoli 113
Salade aux agrumes 114
Poke bowl 117

Recettes végétariennes 119

Galettes végétariennes 121
Salade de haricots verts frais 122
Tian de légumes méditerranéens 125
Salade de petits pois 126
Gaspacho 129
Dalh de lentilles corail et épinards.... 131
Entailles d'aubergines.................... 132
Salade d'aubergines 135
Velouté de courgettes 136
Galettes de légumes 139
Lentilles figues-chèvre 140
Velouté butternut et lentilles corail..... 143
Croque-monsieur de légumes........... 144
Salade de pâtes de lentilles corail.... 146
Tomates à la provençale 149
Mini-gratin de quinoa 150

Recettes de base 151

Pâte brisée pour pizza ou tarte........ 153
Mini-pains complets express............ 154

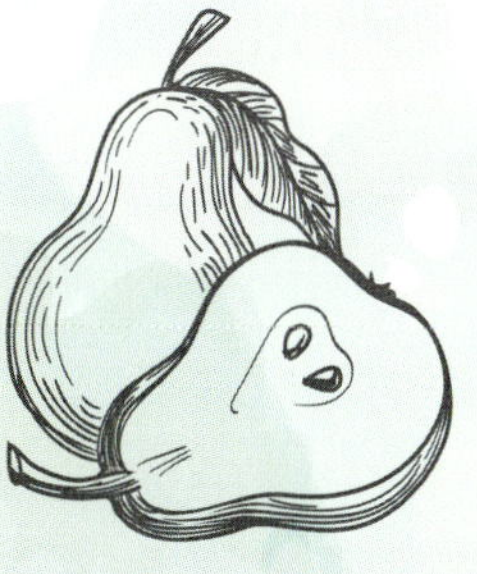

Mon parcours

J'ai un parcours plutôt atypique avec un prénom qui ne l'est pas moins ! Je ne vais pas m'étaler sur les détails mais, pour que vous en sachiez un peu plus sur moi, j'ai été Miss en 2013 et je suis montée sur les poteaux de Koh Lanta en 2016 (avec, accessoirement, LA rencontre de mon futur mari Benoît, qui remportera l'aventure face à moi). En 2018, nous avons gagné ensemble une compétition télévisée de couples et, très rapidement, suivirent les fiançailles, le mariage et le premier bébé.

Parlons justement de cette première grossesse… Quelle étape dans ma vie ! Une étape pleine d'amour et de bonheur mais durant laquelle je me suis un peu laissé aller. Emportée dans ce tourbillon d'enthousiasme, j'ai pris 28 kg sans même les voir venir. Au cours de la grossesse, tout allait bien et je n'y pensais pas mais, une fois mon fils Juliann mis au monde, ce fut un choc ! Je ne me reconnaissais plus, je ne me plaisais plus. J'essayais de perdre du poids mais en dents de scie : je perdais un peu, je reprenais, je perdais à nouveau, puis je relâchais… Un vrai yoyo ! Avec le temps, j'ai tout de même réussi à revenir à 10 kg au-dessus de mon poids de forme d'avant grossesse et ce à l'aube d'un évènement qui allait changer ma manière de m'alimenter : le confinement !

Au cours de la grossesse, tout allait bien et je n'y pensais pas mais, une fois mon fils Juliann mis au monde, ce fut un choc !

CN-529-NW

Eh oui, le déclic vient de là : plus de tentation, plus de fast-food, des envies de cuisiner pour mon fils, mon mari et surtout pour moi ! L'objectif était clair : prendre soin de mon corps en lui offrant des repas sains et équilibrés tout en me faisant plaisir, autant en cuisine que dans l'assiette. Avant, je ne comprenais pas pourquoi les régimes étaient perdus d'avance. Mais, en réalité, à partir du moment où il y a un début et une fin, cela ne peut pas fonctionner sur le long terme. Il fallait réapprendre à m'alimenter et changer mes habitudes en profondeur.

J'ai commencé par des recettes simples que je connaissais puis j'ai décidé de les élaborer un peu plus, d'y apporter des variantes et, enfin, de m'inspirer de certains plats communs (et gras) pour les rendre plus *healthy* avec des ingrédients sains et équilibrés. La perte de poids a été rapide (aux alentours de 2 kg par semaine tout en mangeant des plats consistants, riches en vitamines et en apports nutritifs essentiels à mon organisme).

Je n'avais jamais aussi bien mangé de ma vie et mon corps me remerciait. En plus de ma perte de poids, je me sentais beaucoup plus en forme,

L'objectif était clair : prendre soin de mon corps en lui offrant des repas sains et équilibrés tout en me faisant plaisir, autant en cuisine que dans l'assiette.

plus dynamique, moins fatiguée et je me suis dit que je tenais le bon bout, d'autant que je prenais vraiment plaisir à manger ! Les repas ont toujours été un réel plaisir pour moi : J'ADORE manger et je ne voulais clairement pas que cela change !

En deux mois de confinement, j'avais perdu 9 kg et les réactions sur les réseaux ont été sans précédents. J'ai donc posté mes recettes sur un blog pour pouvoir partager tout cela avec ma communauté. Le succès a été immédiat et, en voyant l'engouement de mes abonnés pour ce blog, j'ai décidé de partager de plus en plus de recettes qui avaient changé ma silhouette et ma façon de m'alimenter. Des dizaines de recettes reproduites par mes abonnés chaque jour, des commentaires me remerciant, me félicitant... Que de fierté !

Et c'est quelques semaines après le confinement que les éditions Hachette Cuisine m'ont contactée pour écrire MON livre de cuisine ! Je n'y croyais pas du tout... Comment ça, moi Jesta, écrire un livre ? Pincez-moi... Mais c'était bien réel !

Les repas ont toujours été un réel plaisir pour moi : j'adore manger et je ne voulais clairement pas que cela change !

Tous mes plats sont adaptés aux enfants et aux gros gourmands, comme mon mari Benoît.

J'avais donc ce projet extraordinaire en ligne de mire : 65 recettes saines et équilibrées, dont beaucoup d'inédites, à élaborer pour vous. Je m'y suis mise à fond et j'ai travaillé durant 4 mois sur chacune d'entre elles pour pouvoir vous satisfaire au maximum. Toute ma famille a eu la chance de tester et goûter mes recettes et je pense qu'ils en ont bien profité. Tous mes plats sont adaptés aux enfants et aux gros gourmands, comme mon mari Benoît qui avait, lui aussi, fait une belle « couvade » pendant ma grossesse. Mes recettes ont égayé les papilles de toute la famille et ça, c'est vraiment une victoire ! Elles ne sont pas destinées qu'aux femmes enceintes ou ayant accouché récemment, bien évidemment, il s'agit juste d'une nouvelle façon de s'alimenter.

Petite remarque : je ne suis pas cuisinière de métier. Les quantités et les temps de cuisson sont donc parfois un peu approximatifs, selon ce que j'ai sous la main et le temps dont je dispose. N'hésitez pas à vous approprier les recettes, les adapter, les tester, les modifier... elles sont pour vous !

Je suis donc très fière de vous présenter ce livre qui, au-delà des recettes saines et équilibrées, représente un réel bouleversement dans ma vie et qui changera la vôtre, je l'espère. Bon appétit !

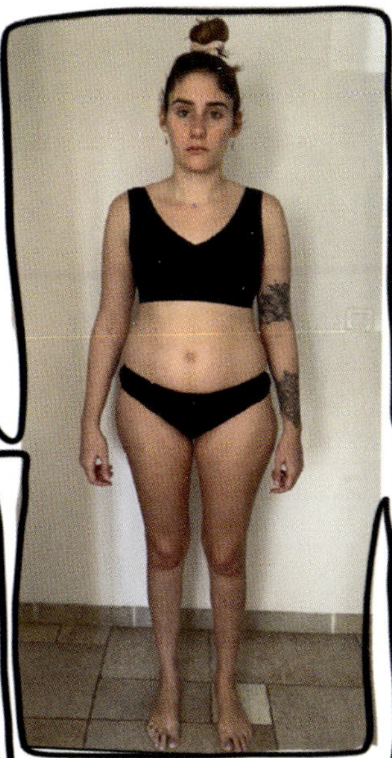

avant

En deux mois de confinement, j'ai perdu 9 kg en mangeant des plats consistants, riches en vitamines et en apports nutritifs essentiels à mon organisme. (...) Je n'avais jamais aussi bien mangé de ma vie et mon corps me remerciait.

après

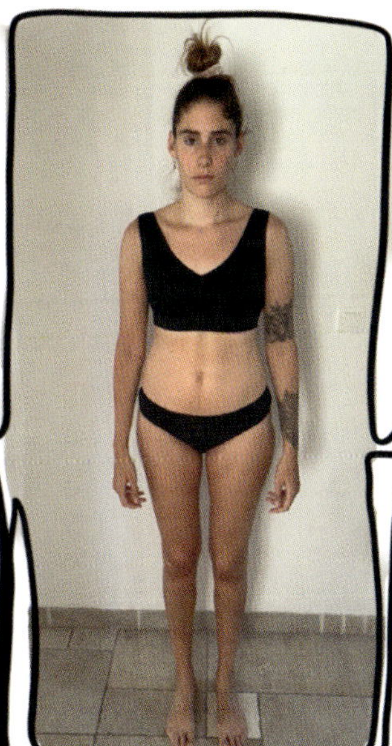

Recettes du matin

Gâteau au yaourt

Ce qui est génial avec cette recette, c'est qu'on peut la transformer et la modifier selon ses goûts, ou ses envies du jour. C'est une excellente base. Je vous laisse faire preuve d'imagination pour vous l'approprier. Pour un petit déjeuner complet, ajoutez à votre gâteau 1 fruit, 4 ou 5 amandes, un thé ou un citron pressé (évitez les jus en bouteille).

1 Préchauffez le four à 180 °C (th. 6).

2 Mélangez tous les ingrédients dans un saladier.

3 Versez la préparation dans un moule rond préalablement beurré et enfournez.

4 Pour vérifier la cuisson, enfoncez la lame d'un couteau au cœur du gâteau. Si elle ressort propre, c'est qu'il est cuit.

Cette recette est simple : j'ai beau essayer d'ajouter des détails sur la préparation, il n'y en a pas.

Pour 2 personnes

15 min de préparation

30 min de cuisson

70 g de sucre de coco

2 portions
de fromage blanc 0 %
(environ 200 g)

2 œufs

120 g de farine complète

30 g de son de blé

1 sachet de levure chimique

Beurre

Toast protéiné

Pour 1 personne

10 min de préparation

3 à 5 min de cuisson

1 tranche de pain de seigle

1 œuf

1 tranche de blanc de dinde

30 g de dés de fromage de brebis Salakis®

Ciboulette

Basilic

Huile d'olive

Sel, poivre

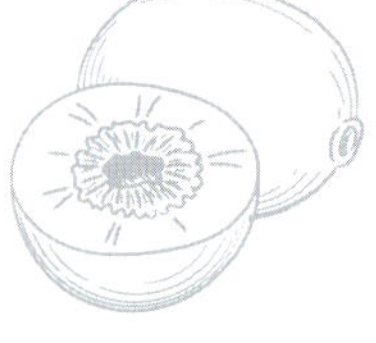

J'adore les toasts comme celui-ci. Très simple et gourmand, le seul problème c'est de se retenir d'en manger dix... Alors, courage !

1 Toastez la tranche de pain au four ou au grille-pain.

2 Faites cuire l'œuf au plat : cassez l'œuf dans une poêle chaude avec un peu d'huile d'olive et laissez-le cuire quelques minutes.

3 Disposez la tranche de blanc de dinde sur le pain grillé, déposez l'œuf au plat dessus, émiettez puis ajoutez le fromage ainsi que la ciboulette et le basilic ciselés.

Porridge banane chocolat noir

Ce porridge, je l'ai « saigné », comme on dit ! Pendant un temps, je le préparais chaque soir et je pensais en me couchant : « Vivement demain matin que je le déguste au petit-déjeuner ! » N'hésitez pas à le préparer la veille pour gagner du temps : attendez le lendemain pour faire chauffer et réaliser l'étape 2.

Pour 2 personnes

5 min de préparation

1 min de cuisson

---

50 g de flocons d'avoine

4 cerneaux de noix

½ banane

2 carrés de chocolat noir 70 %

Sirop d'agave (facultatif)

---

1 Disposez les flocons d'avoine dans un bol, ajoutez les 4 noix écrasées puis la demi-banane coupée en rondelles. Versez de l'eau dessus. Mélangez le tout, puis faites chauffer au micro-ondes 1 min.

2 Taillez des copeaux de chocolat à l'aide d'un économe. Ajoutez-les, ils vont délicatement fondre sur votre préparation. Versez un peu de sirop d'agave (si vous voulez) et dégustez.

Le sirop d'agave est un sucre naturel plus intéressant pour la santé que le sucre classique, honnêtement on ne sent aucune différence au goût. En ce qui concerne la quantité d'eau à mettre, j'ai mis du temps à trouver la consistance parfaite de mes porridges. Car, plus vous mettrez d'eau, plus il sera crémeux ; or je l'aime très compact donc je mets l'eau jusqu'à ce qu'elle dépasse la préparation de 2 ou 3 cm. Vous trouverez la consistance parfaite pour vous.

Toast figues-chèvre frais

Pour 1 personne
10 min de préparation

2 figues

1 tranche de pain de seigle

3 tranches de chèvre frais (40 g environ)

1 cuil. à café de sirop de coco

Graines de chia

Tous les fans de sucré-salé (comme moi) vont en être dingues ! Le mélange figue et chèvre frais est incroyable et très bénéfique si vous avez des soucis de transit.

1 Lavez et coupez les figues en lamelles.

2 Faites griller la tranche de pain au four ou au grille-pain.

3 Étalez le chèvre frais et le sirop de coco sur le pain.

4 Disposez les figues et parsemez de graines de chia.

Carrot cake

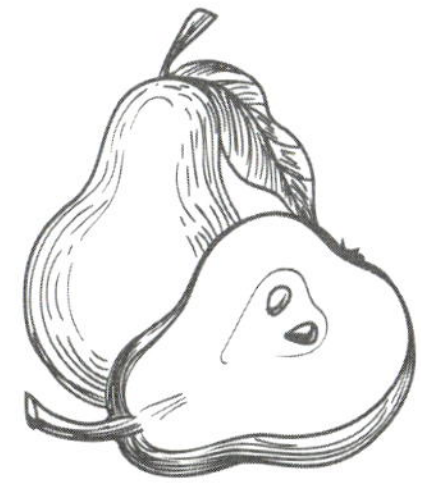

Cette recette est une fierté pour moi ! Benoît était tellement sceptique quand je lui ai dit que je voulais réaliser ce gâteau en version légère... mais, finalement, il a mangé les ¾ d'un coup au goûter. Il ne m'en restait même plus pour le lendemain matin !

Pour 6 personnes
20 min de préparation
30 min de cuisson

3 œufs

200 g de farine complète

350 g de carottes râpées

50 g de cerneaux de noix + 3 pour la déco

1 sachet de levure chimique

20 g de sucre de coco

2 cuil. à café d'extrait de vanille

3 cuil. à soupe de sirop d'agave

Huile de coco

1 Préchauffez le four à 180 °C (th. 6).

2 Mixez doucement tous les ingrédients ensemble dans le bol d'un mixeur ou au robot jusqu'à l'obtention d'une pâte homogène.

3 Graissez un plat à cake avec un peu d'huile de coco. Versez la préparation et enfournez pour 30 min.

4 Pour vérifier la cuisson, enfoncez la lame d'un couteau au cœur du gâteau. Si elle ressort propre, c'est qu'il est cuit.

5 Sortez le gâteau du four et parsemez des cerneaux de noix réservés pour la déco.

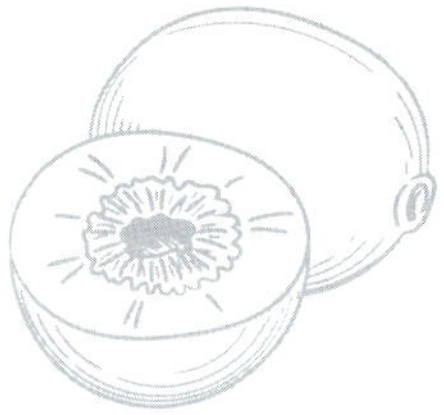

Pudding coco-chia

Pour 4 pots
15 min de préparation
12 h de repos

20 cl de lait de coco

2 cuil. à soupe de graines de chia

1 cuil. à soupe de sirop de coco ou d'agave

Quelques morceaux de mangue

N'hésitez pas à varier les fruits à mettre sur votre pudding selon les saisons.

Le lait de coco est assez calorique, alors ne mangez pas les 4 petits pots d'un coup, je vous vois venir... Gardez-en pour la semaine ou pour partager avec votre petite famille, c'est excellent !

1 La veille, mélangez le lait de coco et les graines de chia ensemble et répartissez-les dans 4 petits pots en verre. Placez-les au réfrigérateur pendant 12 h afin que les graines de chia gonflent.

2 Le jour même, il vous suffit d'ajouter un peu de sirop de coco pour le côté sucré et de mettre les morceaux du fruit de votre choix dans chaque petit pot à votre convenance : c'est prêt !

Smoothie vitaminé

Parfois, le matin, on n'a pas spécialement envie de manger. Le smoothie est alors parfait, il vous cale, avec le plein d'énergie pour la matinée.

1 Pressez les agrumes.

2 Réunissez dans un blender (ou un mixeur) le jus d'agrumes, la banane pelée et coupée en morceaux et les framboises surgelées. Faites tourner le moteur jusqu'à obtenir la bonne consistance.

3 Versez dans un verre et dégustez bien frais.

Pour 1 grand verre
5 min de préparation

1 citron

2 oranges

1 banane

Quelques framboises surgelées

Les framboises surgelées apporteront un côté très frais à ce smoothie.

Jus détox

Pour 1 grand verre
10 min de préparation

3 pommes vertes granny (bio de préférence)

1 concombre

1 citron (le jus)

Quelques feuilles de menthe

Glaçons

Après avoir enchaîné les excès, ce jus détox est l'allié parfait pour nettoyer un peu votre organisme. J'aime bien en boire un pour clôturer ou commencer une nouvelle semaine.

1 Coupez les pommes et le concombre en morceaux. Pressez le citron.

2 Mettez le jus dans le blender (ou le mixeur) puis ajoutez le concombre et les pommes, la menthe et les glaçons.

3 Mixez jusqu'à obtenir la consistance que vous voulez. Versez dans un verre et dégustez bien frais.

Les glaçons assurent la fraîcheur du jus. Idéal le matin pour nettoyer l'estomac des éventuels excès de la veille.

Fondants au chocolat version haricots rouges

Pour être honnête, avec ma belle-sœur, on a concocté cette recette ensemble pour un repas de famille avec nos parents. C'est souvent dans ces moments-là que je teste des recettes pour savoir si je les valide ou non. Je vous laisse deviner leur engouement pour celle-ci...

Pour 6 personnes

15 min de préparation

20 min de cuisson

140 g de chocolat noir 70 % minimum

265 g de haricots rouges cuits, en bocal

15 g de miel

40 g de sucre de coco

3 œufs

Huile de coco

1 Préchauffez le four à 180 °C (th. 6). Faites fondre le chocolat dans une casserole au bain-marie, sur feu très doux.

2 Mixez les haricots rouges avec le miel, le sucre et les œufs puis versez le chocolat. Procédez en mixant par à-coups pour obtenir une pâte homogène.

3 Graissez de petits moules individuels avec un peu d'huile de coco, versez la pâte puis enfournez pour 20 min.

4 Pour vérifier la cuisson, enfoncez la lame d'un couteau au cœur des fondants. Si elle ressort propre, c'est qu'ils sont cuits.

Flan allégé

Pour 4 personnes

15 min de préparation

40 min de cuisson

2 h de repos

500 g de fromage blanc 0 %

90 g de farine complète

4 œufs

2 cuil. à soupe de stevia

1 cuil. à soupe de miel

1 cuil. à café d'extrait de vanille

Encore une recette qu'il fallait absolument faire figurer dans ce livre ! Le flan est le gâteau préféré de Benoît : il a adoré ma version allégée et m'en a redemandé le lendemain ! Je pense donc que vous pouvez foncer.

1 Préchauffez le four à 175 °C (th. 6 environ). Mélangez tous les ingrédients dans un saladier jusqu'à obtenir une préparation homogène.

2 Versez la pâte dans un moule en silicone. Enfournez pour 40 min.

3 Laissez refroidir puis laissez reposer 2 h au frais avant de déguster.

Le petit plus est d'ajouter un filet de sirop de coco ou d'agave avant de déguster sa part de flan. Le moule en silicone est idéal car vous n'aurez pas besoin d'ajouter de matière grasse avant la cuisson.

Rochers avoine-chocolat

Pour 15 petits rochers
10 min de préparation
30 min de cuisson

3 bananes bien mûres

150 g de flocons d'avoine complets

50 g de pépites de chocolat noir

Ces petits rochers peuvent aussi être mangés au goûter.

Attention, car ces rochers se mangent sans faim... Et si vous commencez, vous ne vous arrêterez plus. J'adore en faire plusieurs et les grignoter avec mes copines lors d'un brunch.

1 Préchauffez le four à 180 °C (th. 6). Épluchez puis écrasez les bananes, ajoutez les flocons d'avoine et les pépites de chocolat puis mélangez pour obtenir une pâte relativement homogène.

2 Séparez la pâte en petites boules puis placez-les sur une plaque à pâtisserie tapissée de papier sulfurisé.

3 Enfournez pour 30 min.

4 Laissez refroidir avant de déguster.

Toasts à l'œuf

De la gourmandise et un parfum d'ailleurs… j'ai découvert ces toasts à Bali lors de notre premier voyage hors d'Europe avec Benoît. C'était notre petit déjeuner quotidien.

Pour 2 belles tartines

15 min de préparation

5 min de cuisson

½ avocat mûr

1 quartier de citron

2 fromages frais 0 % type Carré Frais® (environ 25 g par tartine)

2 tranches de pain de seigle complet

2 œufs

Quelques tomates cerise

Quelques feuilles de basilic

Beurre

Sel, poivre

1 Pelez l'avocat, ôtez le noyau et écrasez la chair à la fourchette avec le jus de citron, le fromage frais, du sel et du poivre. Mélangez bien le tout.

2 Toastez le pain quelques minutes au four.

3 Faites cuire les œufs brouillés : dans une poêle, faites fondre une noix de beurre puis cassez les œufs et laissez-les cuire quelques minutes tout en remuant constamment.

4 Tartinez la préparation à l'avocat sur le pain grillé et déposez dessus les œufs brouillés.

5 Lavez et coupez les tomates en deux puis déposez-les sur les toasts. Décorez de basilic avant de déguster.

Savourez votre tartine le matin, pour un brunch ou en plat, accompagnée d'une salade verte, pour un repas complet.

✷✷✷✷✷

Sandwichs au chocolat

Pour 2 personnes
20 min de préparation
15 min de cuisson

---

80 g de flocons d'avoine

20 g de farine complète

2 petites cuil. à café de levure chimique

50 g de compote de pommes sans sucre ajouté

4 cl d'eau

1 cuil. à café de sirop d'agave

2 barrettes de chocolat noir 70 % minimum

Après mes roulés au saumon (voir p. 92), j'ai tellement kiffé le principe de nourriture facile à emporter que j'ai décidé d'essayer ces petits sandwichs en versions sucrées, plus ou moins différentes. Cette idée vient de là.

1 Préchauffez le four à 175 °C (th. 6 environ). Mixez les flocons d'avoine puis versez-les dans un saladier et ajoutez la farine, la levure, la compote, l'eau et le sirop d'agave. Mélangez bien jusqu'à l'obtention d'une pâte.

2 Sur une plaque à pâtisserie tapissée de papier sulfurisé, étalez 4 rectangles de pâte (de la même longueur que les barrettes de chocolat). Posez 1 barrette de chocolat sur 2 rectangles de pâte puis fermez les sandwichs avec les autres rectangles. Enfournez pour 15 min de cuisson.

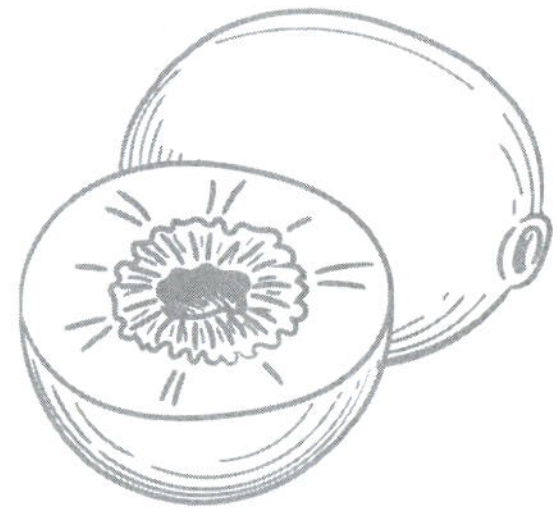

Muffins matcha-choco

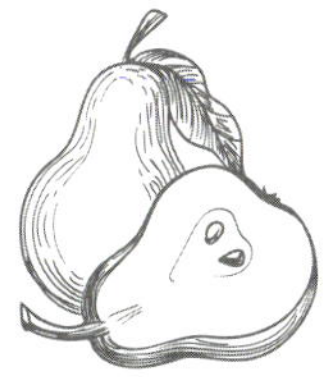

Je devais apporter le dessert pour un repas de famille (comme la plupart du temps) et je cherchais à faire des muffins sains. L'association m'est tout de suite venue à l'esprit, j'en suis fan !

1 Préchauffez le four à 175 °C (th. 6 environ). Mélangez tous les ingrédients ensemble (sauf les carrés de chocolat) dans un saladier, jusqu'à ce que le mélange soit homogène.

2 Répartissez la pâte dans 6 moules à muffins.

3 Coupez les carrés de chocolat en deux puis plantez ½ carré de chocolat au milieu de chaque muffin. Enfournez pour 15 min.

4 Laissez refroidir avant de déguster.

Pour 6 muffins

15 min de préparation

15 min de cuisson

115 g de farine complète

1 œuf

135 g de fromage blanc

80 g de compote de pommes sans sucre ajouté

20 g de stevia

30 g de pépites de chocolat noir

2 cuil. à café rases de thé matcha en poudre

1 cuil. à café rase d'extrait de vanille

2 petites cuil. à café rases de levure chimique

3 carrés de chocolat noir 70 % minimum

Pour 6 personnes
15 min de préparation
1 h de cuisson
1 nuit de repos
(facultatif)

250 g de framboises surgelées

450 g de fromage frais allégé type Philadelphia®

180 g de fromage blanc 0 %

3 œufs

10 g de stevia

1 cuil. à café d'extrait de vanille

Beurre

Cheesecake sans pâte

Voilà mon dessert préféré : le cheesecake ! Mais comment le rendre *healthy* ? Ce fut mon défi tout au long du confinement, et j'ai trouvé que, sans pâte, il était beaucoup moins calorique. *Let's go* !

1 La veille, préchauffez le four à 170 °C (th. 6 environ). Mélangez tous les ingrédients ensemble dans un saladier, jusqu'à obtenir une pâte homogène.

2 Versez la pâte dans un moule légèrement beurré. Enfournez pour 1 h.

3 Laissez refroidir puis placez au réfrigérateur pour la nuit : c'est meilleur le lendemain !

Si vous n'avez pas envie d'attendre, vous pouvez le manger tout de suite, mais cela vaut le coup !

Brioches au chocolat

J'ai toujours aimé voir les brioches gonfler au four : l'odeur, la texture... je ne pouvais pas faire un livre sans y inclure une recette de brioche. Celles-ci sont juste délicieuses !

Pour 7 belles brioches

15 min de préparation

13 min de cuisson

35 g de pépites de chocolat noir (So Shape®)

150 g de fromage blanc 0 %

2 cuil. à soupe de stevia

1 cuil. à soupe de miel

2 œufs

1 sachet de levure chimique

230 g de farine complète

7 petites cuil. à café de pâte à tartiner coco-noisettes (sans huile de palme)

1 Préchauffez le four à 175 °C (th. 6 environ). Mélangez tous les ingrédients ensemble (sauf la pâte à tartiner) dans un saladier, jusqu'à obtenir une pâte homogène.

2 Formez 7 boules de pâte et déposez-les sur une plaque à pâtisserie tapissée de papier sulfurisé. Creusez un petit trou dans chacune.

3 Mettez 1 cuil. à café de pâte à tartiner au milieu de chaque boule puis enfournez pour 13 min.

4 Laissez tiédir avant de déguster.

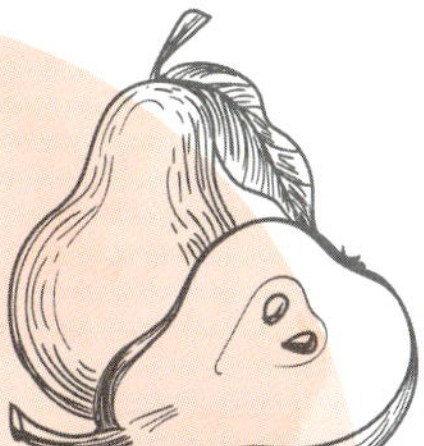

Granola maison

Pour 1 gros bocal
20 min de préparation
14 min de cuisson

- 100 g d'amandes décortiquées
- 330 g de flocons d'avoine complets
- 50 g de graines de courge
- 20 g de graines de chia
- 20 g d'huile de coco
- 35 g de miel
- 25 g de sirop de coco
- 5 ml d'arôme vanille
- 50 g de pépites de chocolat noir

Le granola se conserve environ 2 semaines dans un bocal hermétique.

Faites-moi confiance et préparez-en en grande quantité car vous allez très rapidement devenir accro. 30 g chaque matin avec du fromage blanc 0 % et un peu de sirop d'agave, voilà un petit déjeuner rapide, sain et complet.

1 Préchauffez le four à 180 °C (th. 6). Mixez les amandes (ou hachez-les au couteau) puis mélangez-les avec les flocons d'avoine, les graines de courge et de chia.

2 Réunissez dans un petit bol l'huile de coco avec le miel et le sirop de coco et placez-le quelques secondes au micro-ondes (pour obtenir une consistance liquide qui prenne bien avec le reste).

3 Versez le mélange liquide sur la préparation sèche et ajoutez l'arôme vanille. Mélangez très soigneusement durant plusieurs minutes pour obtenir une préparation vraiment homogène.

4 Étalez la préparation sur une plaque à pâtisserie tapissée de papier sulfurisé. Enfournez pour 7 min. Mélangez la préparation et répartissez-la à nouveau sur la plaque avant de la réenfourner pour 7 min supplémentaires.

5 Sortez la préparation caramélisée du four et laissez-la refroidir avant de la mettre dans un bocal et d'ajouter les pépites de chocolat.

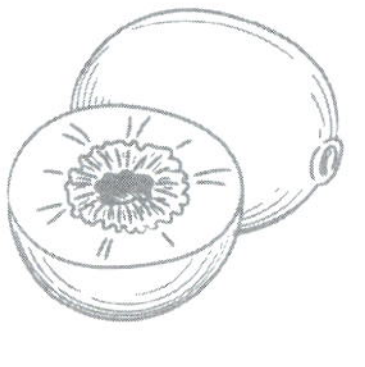

Muffins beurre de cacahuète

Ma mère m'a éduquée au beurre de cacahuète. J'étais obligée de lui rendre hommage avec cette recette... mais, bien sûr, de façon *healthy*.

Pour 6 muffins

15 min de préparation

15 min de cuisson

100 g de beurre de cacahuète

1 cuil. à soupe de farine complète

2 cuil. à soupe de stevia

1 cuil. à soupe de miel

3 cuil. à soupe de boisson végétale de votre choix

3 œufs

1 Préchauffez le four à 175 °C (th. 6 environ). Faites chauffer 1 min au micro-ondes le beurre de cacahuète dans un récipient adapté pour qu'il soit fondant puis incorporez tous les ingrédients et mélangez.

2 Mettez 2 cuil. à soupe de pâte dans chaque moule à muffin puis enfournez pour 15 min de cuisson.

3 Sortez les muffins du four et laissez refroidir avant de déguster.

Pour plus de gourmandise, vous pouvez tartiner vos muffins après cuisson d'un peu de beurre de cacahuète.

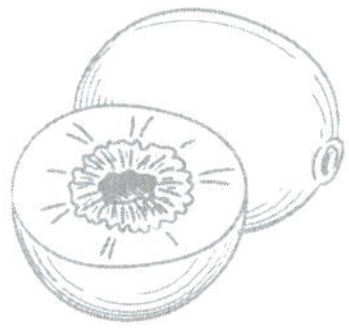

Pour 1 personne
15 min de préparation
10 min de repos
30 min de cuisson

½ banane

8 g de noisettes concassées

40 g de flocons d'avoine complets

1 cuil. à café de graines de chia

10 cl de boisson végétale de votre choix

20 g de pépites de chocolat noir (So Shape®)

Porridge au four

Je suis tellement fan du porridge que j'ai dû essayer par curiosité différentes cuissons pour en changer l'aspect et innover. Et il faut dire qu'au four, c'est plutôt une réussite !

1 Écrasez la banane et mélangez-la avec les noisettes, les flocons d'avoine, les graines de chia puis versez la boisson végétale et mélangez encore. Incorporez les pépites de chocolat.

2 Préchauffez le four à 180 °C (th. 6). Pendant ce temps, laissez la préparation reposer 10 min. Enfournez ensuite pour 30 min.

3 Sortez du four et laisser tiédir avant de déguster.

C'est une bonne alternative au porridge classique. Vous pouvez y mettre les ingrédients qui vous plaisent.

Fondant coco

Encore une gourmandise saine à emmener partout lors d'un brunch entre amis ou d'un goûter. Je devais encore une fois apporter le dessert pour un repas dans ma famille, j'ai donc décidé d'emmener un fondant coco. Si c'était à refaire, je le ferais sans hésiter.

Pour 6 personnes
20 min de préparation
30 min de cuisson

- 4 œufs (2 entiers + 2 blancs)
- 90 g de Maïzena®
- 10 cl de lait de coco
- 40 g de noix de coco râpée
- 2 cuil. à soupe de stevia
- 1 cuil. à soupe de miel
- ½ sachet de levure chimique

1 Préchauffez le four à 175 °C (th. 6 environ). Cassez les œufs et gardez 2 œufs entiers et 2 blancs.

2 Dans un saladier, battez les œufs puis ajoutez la Maïzena, la boisson végétale, la noix de coco râpée, la stevia et le miel. Mélangez bien puis versez dans un moule, en silicone de préférence.

3 Enfournez pour 30 min.

4 Pour vérifier la cuisson, enfoncez la lame d'un couteau au cœur du fondant. Si elle ressort propre, c'est qu'il est cuit. Laissez refroidir avant de déguster.

Le moule en silicone est vraiment idéal : vous n'avez pas besoin de le graisser au préalable et il vous permet un démoulage facile.

OPINEL
INOX

Recettes à base de viande

Légumes farcis

Pour 2 personnes
20 min de préparation
30 min de cuisson

2 poivrons jaunes

1 poivron rouge

2 gros champignons à farcir

400 g de viande hachée 5 % de M.G.

2 oignons

3 gousses d'ail

Persil

1 jaune d'œuf

Sel, poivre

Un grand classique, vous me direz... Mais nous n'allons pas suivre la recette de mamie en ajoutant de la mie de pain et 3 œufs dans la farce, car cela ne serait plus du tout léger. Auparavant, je mangeais les légumes farcis accompagnés de riz, mais je me suis rendu compte que cette recette se suffit à elle-même : des légumes et un peu de viande. Vous pouvez varier les légumes à farcir, bien évidemment.

1 Préchauffez le four à 180 °C (th. 6). Lavez les légumes, coupez les poivrons en deux et épépinez-les. Enlevez la queue des champignons à farcir. Pelez et émincez les oignons et l'ail. Lavez et ciselez un peu de persil.

2 Dans un saladier, mélangez avec vos mains la viande hachée, le jaune d'œuf, le persil, les oignons et l'ail jusqu'à obtenir une farce homogène. Salez et poivrez.

3 Déposez la farce dans les poivrons et les champignons puis disposez-les sur une plaque à pâtisserie recouverte de papier sulfurisé et enfournez pour 30 min.

Lentilles façon chili con carne

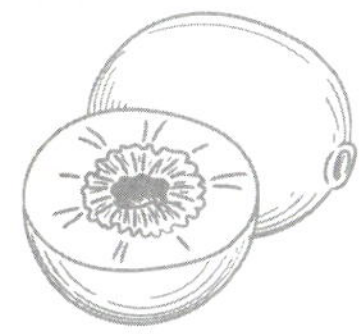

**Je suis accro à cette recette !
En général, j'en fais en grande quantité pour plusieurs repas car, une fois réchauffé, ce chili est encore meilleur. Ceux qui aiment le piment vont se régaler en ajoutant de la harissa qui se marie parfaitement avec ce plat.**

Pour 2 personnes
15 min de préparation
Environ 30 min de cuisson

200 g de lentilles vertes

300 g de viande hachée 5 % de M.G.

1 oignon

3 gousses d'ail

1 poivron vert

1 tomate

1 boîte de tomates pelées

Harissa (facultatif)

Huile d'olive

Sel, poivre

1 Portez de l'eau légèrement salée à ébullition dans une casserole et faites cuire les lentilles vertes (temps de cuisson à adapter en fonction des instructions sur le paquet).

2 Pendant la cuisson des lentilles, pelez et hachez l'oignon et les gousses d'ail. Lavez et coupez le poivron et la tomate en dés.

3 Dans une poêle, faites chauffer un fond d'huile d'olive puis faites dorer l'ail et les oignons. Ajoutez la viande hachée, puis le poivron ainsi que la tomate et les tomates pelées. Assaisonnez à votre sauce (sel, poivre et harissa si vous aimez). Laissez mijoter jusqu'à ce que l'ensemble semble cuit, le meilleur moyen pour le savoir est de goûter !

4 Égouttez les lentilles, disposez-les dans des bols ou des assiettes creuses puis versez la poêlée mijotée dessus.

Vous pouvez ajouter du basilic ou de la ciboulette, comme moi sur la photo, pour le côté « fraîcheur ».

Gratin d'aubergines

Pour 2 personnes
20 min de préparation
55 min de cuisson

3 aubergines

5 tomates

2 steaks hachés
5 % de M.G.

1 oignon jaune

1 gousse d'ail

1 poignée
de gruyère râpé

Je vous fais confiance, n'abusez pas du gruyère, c'est déjà bien d'en mettre, alors allez-y doucement sur la quantité...

Je suis amoureuse de cette recette. Je pourrais la préparer 1 fois par semaine au moins. Idéale pour les grandes familles et pour faire manger des légumes aux enfants. Petite astuce : attendre que le gratin refroidisse légèrement avant de servir.

1 Lavez et coupez en lamelles les aubergines. Faites-les cuire à la vapeur environ 20 min. Nettoyez et coupez en rondelles les tomates. Pelez et émincez l'oignon et l'ail.

2 Dans une poêle, faites revenir l'ail, l'oignon et les steaks hachés coupés en morceaux.

3 Préchauffez le four à 180 °C (th. 6). Dans un plat à gratin, disposez, comme des lasagnes, une couche d'aubergine, une couche de tomates et une couche de viande. Répétez l'opération jusqu'à épuisement des ingrédients.

4 Saupoudrez de gruyère avant d'enfourner pour 30 min.

Salade mexicaine

Pour 1 personne

10 min de préparation

5 min de cuisson

200 g de haricots rouges cuits, en boîte

10 tomates cerise environ

Cœurs de laitue (1 ou 2 poignées)

50 g de poulet à la mexicaine déjà prêt (type Le Gaulois®)

Pousses de soja

4-5 tomates séchées

1 cuil. à soupe de velours de balsamique

Tabasco® (facultatif)

Sel, poivre

1 Faites revenir les haricots rouges dans une casserole à feu doux.

2 Lavez et coupez les tomates cerise en deux. Lavez la salade et séparez les feuilles.

3 Répartissez-les dans une assiette, ajoutez le poulet, les haricots, quelques pousses de soja et les tomates séchées.

4 Assaisonnez de velours de balsamique, de Tabasco si vous aimez, de sel et de poivre puis régalez-vous !

La petite astuce que j'utilise toujours pour les tomates séchées, c'est de les enrouler dans du papier essuie-tout avant de les ajouter dans la salade pour absorber au maximum l'huile dans laquelle elles sont conservées.

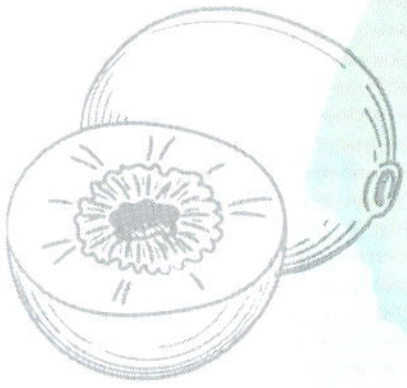

Omelette épinards

Pour 1 personne
10 min de préparation
10 à 15 min de cuisson

C'est très important de varier vos menus, c'est pourquoi je vous propose cette omelette aux épinards. Vous pouvez également la préparer avec d'autres ingrédients tant que vous restez sur une base de légumes.

- 200 g d'épinards frais
- 1 gousse d'ail
- 1 oignon
- 2 œufs
- 50 g de dés de poulet cuits
- Quelques tomates cerise
- Beurre
- Sel, poivre

1 Faites cuire les épinards à la vapeur entre 5 et 10 min suivant votre goût.

2 Pelez et ciselez l'ail et l'oignon. Mélangez-les avec les épinards, ajoutez les œufs et les dés de poulet dans un saladier.

3 Lavez et coupez les tomates cerises en deux. Ajoutez-les dans le saladier, assaisonnez et mélangez.

4 Faites chauffer une noix de beurre dans une poêle et, lorsqu'elle est chaude, versez la préparation. Laissez cuire à feu moyen quelques minutes, jusqu'à ce que les œufs soient cuits.

Si vous utilisez des épinards surgelés, veillez à ne pas les prendre avec de la crème dedans, des paquets 100 % épinards existent. Laissez-les décongeler avant de les utiliser ou faites-les cuire plus longtemps.

Crêpes salées au sarrasin

Inutile de vous prendre la tête à préparer les crêpes vous-même, celles que l'on trouve en grandes surfaces sont géniales. Vous pouvez vous faire plaisir avec 2 bonnes crêpes salées accompagnées d'une salade. Il existe plusieurs variantes pour en faire des originales.

Pour 2 crêpes salées
5 min de préparation
Environ 10 min de cuisson

- 180 g d'épinards frais
- 2 galettes de sarrasin
- 2 tranches de jambon (moins de 25 % de sel)
- 2 cuil. à café de ricotta
- Huile d'olive
- Sel, poivre

1 Faites cuire les épinards avec un peu d'huile d'olive dans une casserole sur feu doux jusqu'à ce qu'ils aient réduit aux trois quarts. Assaisonnez.

2 Faites chauffer un tout petit peu d'huile d'olive dans une poêle sur feu moyen puis déposez-y une galette de sarrasin. Ajoutez rapidement la tranche de jambon puis déposez les épinards cuits sur le jambon et ajoutez 1 cuil. à café de ricotta. Laissez chauffer un peu, réservez sur une assiette et procédez de même pour la seconde galette.

3 Pour le pliage et la cuisson, vous pouvez disposer tous les ingrédients sur un côté de la galette puis la plier en deux, la retourner et la laisser cuire 2 min de chaque côté. Ou alors, vous pouvez disposer tous les ingrédients au milieu et rabattre chacun des 4 côtés puis laisser cuire à feu doux sur la même face.

Pour 2 à 4 personnes
(selon votre appétit)
15 min de préparation
30 min de cuisson

1 grosse aubergine

6 cuil. à soupe de coulis de tomates environ

3 tranches de jambon

5 champignons de Paris

3 cuil. à soupe de fromage râpé environ

Herbes de Provence

Huile d'olive

Sel, poivre

Pizzas d'aubergine

L'une de mes recettes préférées en général, et dans ce livre. Je peux vous dire que vos enfants vont se régaler également !

1 Préchauffez le four à 175 °C (th. 6 environ). Lavez et coupez l'aubergine en rondelles d'1 cm d'épaisseur.

2 Disposez les tranches sur une plaque à pâtisserie tapissée de papier sulfurisé, badigeonnez-les d'huile d'olive puis enfournez-les pour 15 min.

3 Sortez la plaque du four, répartissez sur les rondelles d'aubergine le coulis de tomates, un peu d'herbes de Provence puis salez et poivrez.

4 Coupez les tranches de jambon en morceaux, lavez et coupez les champignons en rondelles. Disposez le jambon sur le coulis de tomates, puis déposez sur chaque aubergine 1 ou 2 rondelles de champignon, comme pour faire de petites pizzas.

5 Saupoudrez de fromage râpé avant de réenfourner pour 15 min.

Spaghettis de courgettes à la bolognaise

Notre première escapade en Europe avec Benoît était à Rome. Gnocchis à la bolognaise, spaghettis à la bolognaise... je m'étais fait plaisir ! Mais les spaghettis de courgettes sont la meilleure alternative pour une recette saine.

Pour 2 personnes

25 min de préparation

20 min de cuisson

600 g de courgettes

2 steaks hachés 5 % de M.G.

1 oignon

2 gousses d'ail

Quelques tomates cerise

300 g de coulis de tomates

20 g de parmesan

1 filet d'huile d'olive

Persil

Sel, poivre

1 Lavez les courgettes et découpez-les en fins spaghettis à l'aide d'un spiralizer, d'un économe ou d'une râpe. Mettez-les de côté.

2 Coupez la viande hachée en tout petits morceaux. Pelez et émincez l'oignon et l'ail. Lavez et coupez les tomates cerise en deux. Lavez et hachez le persil.

3 Dans une poêle, faites chauffer un peu d'huile d'olive et faites cuire l'oignon, l'ail et la viande. Après quelques minutes, ajoutez les tomates cerise, le persil et les spaghettis de courgettes.

4 Quand tout est cuit, versez le coulis de tomates, salez et poivrez, laissez mijoter quelques petites minutes supplémentaires puis dégustez avec un peu de parmesan.

Pour 3 personnes
(2 wraps chacun)
15 min de préparation
10 min de cuisson

6 wraps au blé complet

250 g de blanc de poulet

2 poivrons rouges

2 oignons

240 g de haricots rouges cuits, en boîte

6 fromages frais 0 % type Carré Frais®

Cumin en poudre

Curry

Tabasco® (facultatif)

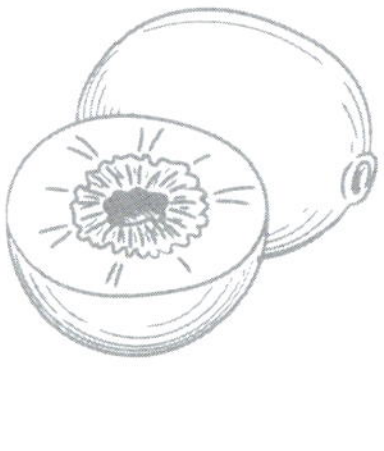

Fajitas healthy

L'idée est d'avoir l'impression de manger des plats « fat », comme si nous mangions gras, mais tout en mangeant sainement. Quoi de mieux que des fajitas pour partager un repas entre amis, une soirée à la maison sans imposer sa façon de manger à ses invités ?

1 Lavez et coupez les poivrons en lamelles. Pelez et émincez les oignons. Émincez le poulet.

2 Dans une poêle, faites revenir le poulet, les poivrons et les oignons avec du cumin et du curry.

3 Faites réchauffer les haricots rouges dans une casserole sur feux doux puis ajoutez-les au reste de la préparation.

4 Réchauffez les wraps 1 min au micro-ondes dans leur sachet préalablement percé. Étalez 1 fromage frais sur chaque wrap puis répartissez la préparation au poulet et haricots rouges avant de le rouler.

Vous trouverez des wraps au blé complet dans votre supermarché, le plus souvent au rayon cuisine du monde.

Roulés d'aubergine à la coriandre

Aubergine, mon amour ! Roulée avec mon herbe aromatique préférée, la coriandre, c'est un voyage culinaire assuré !

1 Préchauffez le four à 180 °C (th. 6). Lavez et coupez les aubergines en lamelles dans la hauteur, comptez 1 cm d'épaisseur environ. Faites-les précuire à la vapeur pendant 40 min environ.

2 Pendant ce temps, pelez l'ail et l'oignon. Coupez en petits morceaux le piment, l'ail, l'oignon et la viande. Lavez et ciselez la coriandre. Faites chauffer un peu d'huile d'olive dans une poêle et faites revenir ces ingrédients pendant 5 min environ. Assaisonnez d'herbes de Provence, de sel et poivre.

3 Déposez un peu de la farce à la viande sur chaque lamelle d'aubergine puis refermez le tout à l'aide de cure-dents pour que cela tienne durant la cuisson.

4 Déposez les roulés sur une plaque à pâtisserie tapissée de papier sulfurisé et enfournez pour 30 min.

Pour 2 personnes

15 min de préparation

1 h 10 de cuisson

3 grosses aubergines

3 gousses d'ail

1 oignon

1 piment doux

3 steaks hachés 5 % de M.G.

20 g de coriandre

Herbes de Provence

Huile d'olive

Sel, poivre

Pour 4 à 6 personnes
20 min de préparation
1 h de cuisson
1 h de repos (facultatif)

½ oignon

1 aubergine

1 courgette

1 poivron

150 g de farine complète

1 sachet de levure chimique

3 œufs

100 g de fromage blanc

50 g de fromage râpé

75 g de dés de jambon

Herbes de Provence

Sel, poivre

Privilégiez toujours les moules en silicone pour éviter d'ajouter de la matière grasse pour la cuisson.

Cake aux légumes

Un jour, nous devions partir toute une journée pour le travail et j'avais prévu d'apporter le déjeuner car je n'avais pas envie de commander quelque chose sur place ou de prendre un sandwich dans une boulangerie. J'ai donc décidé de préparer ce cake aux légumes, pratique pour la pause déj'.

1 Préchauffez le four à 180 °C (th. 6). Pelez l'oignon et lavez les légumes. Coupez en petits morceaux l'oignon, l'aubergine, la courgette et le poivron puis faites-les cuire dans une poêle avec un peu d'huile d'olive chaude pendant 5 à 10 min.

2 Si vous avez le temps, placez les légumes cuits dans une passoire durant 1 h pour que toute l'eau s'évacue et qu'ils refroidissent.

3 Dans un saladier, mélangez la farine, la levure, les œufs, le fromage blanc, le fromage râpé et les dés de jambon. Ajoutez les légumes, assaisonnez d'herbes de Provence, de sel et de poivre puis mélangez encore.

4 Versez la pâte dans un moule à cake en silicone. Enfournez pour 50 min.

5 Pour vérifier la cuisson, plongez la lame d'un couteau au milieu du cake, si elle ressort propre, c'est qu'il est cuit. Laissez tiédir avant de déguster.

Courge butternut farcie

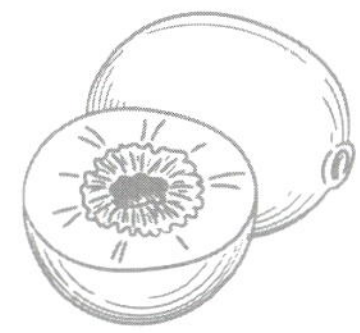

Recette très originale qui en envoie au niveau visuel. Cela peut surprendre mais le goût est au rendez-vous.

Pour 2 personnes

20 min de préparation

45 min de cuisson

1 courge butternut

150 g de chèvre frais

6 tranches de bœuf séché (environ 40 g)

Huile d'olive

Sel, poivre

1 Préchauffez le four à 180 °C (th. 6).

2 Coupez la courge en deux et ôtez les pépins mais conservez la peau. Versez un filet d'huile d'olive. Enfournez pour 30 min. La peau doit flétrir un peu, c'est le bon moment de sortir la courge.

3 Ajoutez le chèvre frais et les tranches de bœuf séché puis réenfournez pour 10 à 15 min. Salez et poivrez avant de servir.

Pour la déco, vous pouvez saupoudrer de graines de courges avant le 2e passage au four.

Rouleaux de printemps

Ma passion, les rouleaux de printemps ! J'en ai toujours acheté tout fait car j'adore ça ! Je ne savais pas à quel point c'était facile à faire.

Pour 10 rouleaux
25 min de préparation
10 min de cuisson
30 min de repos

50 g de vermicelles de riz

100 g de cœurs de laitue

4 tranches de blanc de poulet

3 cuil. à soupe de sauce soja

20 feuilles de menthe

10 feuilles de riz spécial rouleaux de printemps

100 g de pousses de soja

20 crevettes cuites décortiquées (2 par rouleau)

1 Faites cuire les vermicelles de riz dans de l'eau bouillante durant quelques minutes, le temps qu'ils ramollissent bien, puis égouttez-les dans une passoire et passez-les sous l'eau froide.

2 Lavez et coupez finement la salade. Coupez les tranches de blanc de poulet en lamelles et laissez-les tremper dans la sauce soja. Lavez et ciselez les feuilles de menthe.

3 Versez de l'eau tiède (voire chaude) dans une assiette creuse pour faire tremper une première feuille de riz jusqu'à ce qu'elle soit ramollie ; posez-la sur une planche puis garnissez-la : déposez 2 crevettes au milieu de la feuille, puis un petit peu de vermicelles de riz, 3 lamelles de blanc de poulet, quelques pousses de soja, un peu de menthe et de salade. Procédez ainsi pour les 9 autres rouleaux.

4 Pour plier chaque rouleau, rassemblez le côté du haut, puis celui du bas vers le milieu, puis roulez le côté gauche en enveloppant tous les ingrédients, ainsi que le côté droit qui ferme le tout. Enveloppez chaque rouleau au fur et à mesure dans du film alimentaire.

5 Placez les rouleaux 30 min au frais avant dégustation.

Ne chargez pas trop vos rouleaux pour éviter de les casser : cela demande un peu d'entraînement pour prendre le coup de main. Pour vous aider, regardez des vidéos explicatives sur Internet.

Recettes à base de poisson et fruits de mer

Pour 1 personne
10 min de préparation
2 à 3 min de cuisson

2 œufs

2 tranches de saumon fumé

2 fromages frais 0 % type Carré Frais® (environ 50 g)

Ciboulette fraîche

1 cuil. à café d'huile d'olive

Sel, poivre

Roulés saumon et fromage frais 0 %

Je fais cette recette avec du saumon fumé, mais libre à vous de mettre du blanc de dinde ou autre selon vos goûts. Il vous faudra peut-être 1 ou 2 essais avant de trouver la taille idéale de votre pancake d'omelette afin qu'il ne soit ni trop petit ni trop fin.

1 Lavez et ciselez la ciboulette. Battez les œufs avec la ciboulette ciselée et assaisonnez. Divisez la préparation en deux parts égales.

2 Faites chauffer un peu d'huile d'olive dans une poêle et faites cuire la préparation en 2 fois, environ 2-3 min, pour obtenir 2 pancakes d'omelette.

3 Disposez-les sur une assiette. Étalez 1 fromage frais sur chaque pancake et ajoutez 1 tranche de saumon fumé. Roulez-les ensuite délicatement et le tour est joué !

Agrémentez avec la salade de votre choix.

Avocado toast et œuf poché

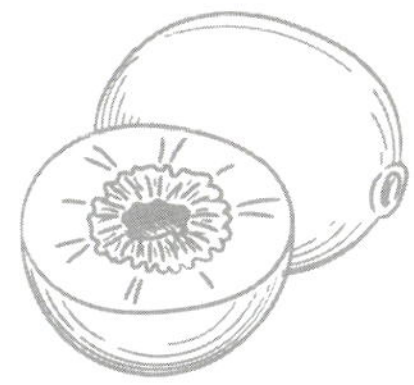

En version brunch pour le matin ou bien en plat pour le déjeuner, avec une salade, cette recette n'est pas la plus légère du livre. D'ailleurs, pour tout vous dire, je ne la prépare pas souvent car j'aurais envie d'en manger 4 au moins. Malheureusement, niveau calories, ce serait loin d'être idéal !

Pour 2 personnes
(2 toasts)
10 min de préparation
4 min de cuisson

1 avocat bien mûr

1 tomate

2 cuil. à soupe de fromage blanc 0 %

½ citron jaune (le jus)

2 œufs

2 tranches de pain complet au seigle

2 tranches de saumon fumé

Ciboulette fraîche

Basilic frais

Piment de Cayenne

Sel, poivre

1 Épluchez l'avocat, lavez la tomate. Écrasez-les ensemble à l'aide d'une fourchette puis mélangez-les avec le fromage blanc, un peu de piment de Cayenne et le jus du demi-citron.

2 Réalisez les œufs pochés : faites bouillir un grand volume d'eau dans une casserole. Lorsque l'eau bout, éteignez le feu et cassez 1 œuf dedans, délicatement pour ne pas rompre le jaune. Laissez cuire 3 à 4 min, suivant la cuisson du jaune que vous désirez. Sortez l'œuf de l'eau à l'aide d'une écumoire et procédez de même pour le deuxième.

3 Toastez les tranches de pain au four ou au grille-pain pour les rendre croustillantes. Lavez et ciselez la ciboulette et le basilic.

4 Disposez la préparation à l'avocat sur les tranches de pain, puis ajoutez les tranches de saumon, les œufs pochés et assaisonnez le tout de ciboulette, de basilic, de sel et de poivre : c'est prêt !

La cuisson des œufs pochés est délicate, mais vous allez trouver la technique qui vous convient, j'en suis sûre !

Pour 2 personnes
10 min de préparation
30 min de cuisson

2 pavés de saumon

6 poireaux

2 portions de fromage blanc 0 %

1 cuil. à café d'huile de coco

Curry

Curcuma

Sel, poivre

L'huile de coco se marie très bien avec le poisson. C'est une huile délicieuse mais vous pouvez aussi utiliser de l'huile d'olive.

Fondue de poireaux et saumon

Cette fondue de poireaux est exceptionnelle pour accompagner tout type de poisson. Vous pouvez même ajouter 1 cuil. à café de moutarde dans la préparation pour donner un peu de piquant.

1 Lavez et coupez les poireaux en rondelles. Faites-les cuire à la vapeur pendant 20 min environ puis réservez-les.

2 Faites griller le saumon à la poêle dans l'huile de coco chaude pendant 5 min de chaque côté environ.

3 Une fois les pavés de saumon cuits, placez-les sur une assiette et faites revenir les poireaux dans le surplus de gras qui est resté au fond de la poêle. L'objectif de cette cuisson à la poêle est d'homogénéiser le tout.

4 Dans un saladier, assaisonnez le fromage blanc 0 % avec un peu de curry et de curcuma, salez et poivrez puis ajoutez les poireaux revenus dans la poêle. Déposez ensuite un pavé de saumon dans chaque assiette, répartissez la fondue de poireaux autour puis dégustez !

Poisson blanc aux agrumes

Le poisson blanc a souvent la réputation d'être fade et pas très drôle mais, avec cette sauce aux agrumes, il prend une toute nouvelle saveur, croyez-moi ! Même si vous n'êtes pas fan de l'acidité des agrumes, laissez-vous tenter car quand on les combine avec le poisson blanc, c'est incroyable !

Pour 1 personne
20 min de préparation
20 à 30 min de cuisson

- 1 filet de julienne
- 1 botte d'asperges vertes
- 1 poivron
- 2 citrons bio
- ½ pamplemousse bio
- 2 oignons nouveaux rouges
- Basilic
- Persil
- Curry
- Curcuma

1 Préchauffez le four à 150 °C (th. 5). Lavez les asperges et le poivron. Coupez ce dernier en lamelles. Épluchez un des citrons et le pamplemousse.

2 Préparez la sauce : hachez le pamplemousse et le citron épluché puis pressez l'autre. Épluchez et hachez les oignons rouges, du basilic et du persil. Mélangez les agrumes, les oignons, le basilic, le persil et 1 pincée de chaque épice (curcuma et curry).

3 Sur une plaque à pâtisserie tapissée de papier sulfurisé, déposez le poisson, les asperges lavées et les lamelles de poivron puis enfournez le tout pour 20 à 30 min en vérifiant régulièrement la cuisson.

4 Sortez le poisson et les légumes du four, placez-les sur une assiette et nappez de sauce avant de servir.

Konjac aux saint-jacques

Pour 1 personne
10 min de préparation
Environ 15 min
de cuisson

200 g de pâtes
de konjac

150 g de noix
de saint-jacques
surgelées

1 oignon

1 gousse d'ail

½ citron (le jus)

2 fromages frais 0%
type Carré Frais®

1 cuil. à café
d'huile de coco

Sel, poivre

Le konjac est une révélation pour moi : préparez-le selon vos goûts et ce que vous avez sous la main. Personnellement, j'ajoute du Carré Frais® pour une version poisson et du coulis de tomates pour une version viande.

1 Faites cuire les pâtes de konjac dans de l'eau bouillante selon les instructions du paquet.

2 Pelez et émincez l'oignon et l'ail.

3 Faites cuire dans une poêle les noix de saint-jacques avec les oignons et l'ail, dans un fond d'huile de coco et de jus de citron. Faites revenir à feu très doux, l'objectif n'est pas de griller les saint-jacques mais de les faire mariner, un produit si cher, il faut en prendre soin. La cuisson est rapide, 4 min devraient suffire, mais n'hésitez pas à prolonger si vous les aimez bien cuites.

3 Une fois les cuissons réalisées, mélangez le tout et ajoutez le fromage frais. Assaisonnez et servez.

Petite information nutritive : le konjac est peu calorique, ce qui en fait un allié minceur ; sa richesse en fibres lui confère notamment un effet coupe-faim, des vertus digestives et une action détoxifiante.

Salade hawaïenne

Les amateurs de sucré-salé vont être comblés et peuvent y aller sans modération. Quand j'ai commencé à me préparer cette salade, je la faisais plusieurs fois par semaine, j'étais accro !

Pour 1 personne

10 min de préparation

15 min de cuisson

6 rondelles d'ananas

200 g de crevettes cuites et décortiquées

1 sachet de cœurs de laitue

1 concombre

1 barquette de tomates cerise

Herbes de Provence

Huile de coco (ou d'olive)

Sel, poivre

1 Préchauffez le four à 180 °C (th. 6). Déposez les tranches d'ananas sur une plaque à pâtisserie recouverte de papier sulfurisé et enfournez pour quelques minutes, jusqu'à ce qu'elles soient dorées.

2 Faites chauffer un peu d'huile de coco dans une poêle et faites-y revenir les crevettes assaisonnées d'herbes de Provence jusqu'à ce qu'elles deviennent légèrement croustillantes.

3 Épluchez et coupez le concombre en rondelles, ajoutez la salade, les tomates lavées et coupées en deux, les rondelles d'ananas dorées au four et les crevettes grillées. Salez, poivrez et assaisonnez à votre sauce : le tour est joué !

Privilégiez l'huile de coco (plus saine), même si l'huile d'olive convient parfaitement.

Courgettes farcies au thon

Pour 2 personnes
15 min de préparation
Environ 30 min
de cuisson

4 courgettes

2 boîtes de thon
au naturel (environ
200 g)

2 gousses d'ail

1 oignon

1 boîte de tomates
pelées (environ 400 g)

1 jaune d'œuf

Sel, poivre

L'un de mes grands classiques et l'une des recettes les plus légères du livre. Il faut savoir que je n'ai jamais aimé le thon chaud ; sauf ici. Je suis conquise alors faites-moi confiance et vous allez vous régaler.

1 Préchauffez le four à 180 °C (th. 6). Nettoyez et coupez les courgettes en deux dans la longueur. Ôtez les graines. Pelez et ciselez l'ail et l'oignon.

2 Dans un saladier, mélangez le thon égoutté, les tomates pelées (réservez le jus pour la fin de la préparation), le jaune d'œuf, l'ail et l'oignon. Salez, poivrez. Disposez la farce au thon dans les demi-courgettes.

3 Placez les courgettes farcies dans un plat à gratin, ajoutez le jus des tomates dessus pour éviter que la cuisson ne les dessèche. Enfournez pour 30 min environ.

Petite astuce : si vous voyez que les courgettes deviennent trop sèches à la cuisson, n'hésitez pas à ajouter un peu d'eau dans le plat.

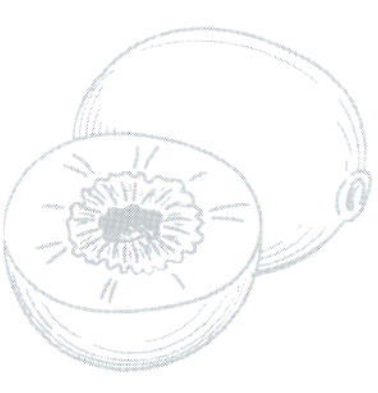

✵✵✵✵✵

Salade saumon-avocat

Pour 2 personnes
15 min de préparation

4 tranches de saumon fumé

1 concombre

1 avocat

1 oignon rouge

2 portions de fromage blanc 0 % (200 g environ)

½ citron (le jus)

Ciboulette

Herbes de provence

Graines de sésame

1 cuil. à café huile d'olive

Sel, poivre

Une préparation très simple mais très gourmande et qui cale vite. La sauce au fromage blanc 0 % peut convenir pour tout type de salade avec crudités, elle est gourmande, simple à faire et très légère !

1 Épluchez le concombre et l'avocat, coupez-les grossièrement en morceaux. Pelez et émincez l'oignon. Lavez et ciselez la ciboulette. Coupez le saumon en morceaux.

2 Préparez la sauce en mélangeant le fromage blanc, le jus de citron, l'oignon, les herbes de Provence et la ciboulette. Salez et poivrez.

3 Mélangez le concombre, le saumon et l'avocat dans un bol, saupoudrez de graines de sésame et de ciboulette ciselée, et servez avec la sauce.

En ce qui concerne les quantités, vous êtes vraiment libre, notamment pour le concombre ! Mais attention à l'avocat qui reste quand même calorique.

Pad thaï

Pour 2 personnes

20 min de préparation

10 min de cuisson

200 g de crevettes cuites et décortiquées

200 g de nouilles de riz

3 gousses d'ail

3 cl de sauce soja

6 cl de sauce asiatique sucrée

1 petit morceau de gingembre

1 citron vert (le jus)

1 concombre

3 tomates

1 oignon rouge

20 g de coriandre

30 g de cacahuètes (facultatif)

1 Pelez et émincez l'ail. Mélangez la sauce soja, la sauce asiatique sucrée, les crevettes, le gingembre râpé, le jus du citron vert et l'ail puis laissez mariner le temps de préparer la suite.

2 Lavez et coupez en lamelles le concombre et les tomates. Épluchez et ciselez l'oignon rouge. Lavez et ciselez la coriandre.

3 Dans une casserole, faites tremper les nouilles de riz selon les instructions sur le paquet, jusqu'à ce qu'elles deviennent tendres.

4 Faites chauffer les crevettes avec leur marinade dans une sauteuse quelques minutes et ajoutez les nouilles de riz.

5 Mélangez le contenu de la sauteuse aux crudités, saupoudrez de coriandre et d'oignons rouges, et ajoutez quelques cacahuètes concassées pour plus de gourmandise.

Poivrons farcis froids

Pour 1 personne
15 min de préparation

2 poivrons

¼ de concombre

½ oignon rouge

110 g de thon nature égoutté

100 g de fromage blanc 0 %

1 cuil. à café de moutarde

½ citron vert (le jus)

Ciboulette

Basilic

Sel, poivre

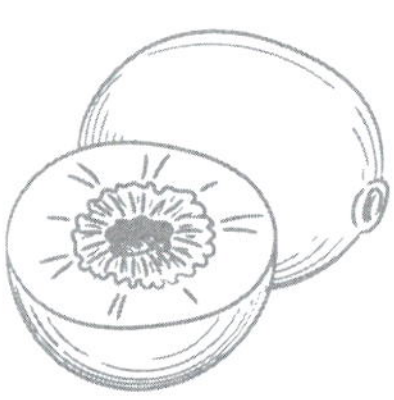

Manger sainement quand il fait chaud, c'est vraiment plus facile avec des repas froids, c'est pourquoi cette alternative aux poivrons farcis marche du tonnerre.

1 Lavez les poivrons et coupez le haut, puis épépinez-les et réservez les chapeaux. Épluchez et coupez en tout petits morceaux le concombre et l'oignon rouge. Lavez et ciselez les herbes.

2 Dans un bol, mélangez le thon, le fromage blanc, la moutarde, le jus de citron, du sel, du poivre, les herbes ciselées, le concombre et l'oignon.

3 Farcissez les poivrons : c'est prêt !

Vous pouvez garder des herbes de côté pour la déco.

Flan saumon-brocoli

J'ai une grande passion pour les flans aux légumes. Faciles à préparer, ils plaisent autant à Benoît qu'à Juliann. Je les prépare à toutes les sauces.

Pour 2-3 personnes

10 min de préparation

50 min de cuisson

400 g de brocoli surgelé

1 pavé de saumon (environ 170 g)

4 œufs

100 g de fromage blanc 0 %

2 cuil. à café de moutarde

Sel, poivre

1 Faites cuire à la vapeur les brocolis surgelés ainsi que le saumon durant 20 min.

2 Préchauffez le four à 175 °C (th. 6 environ). Dans un saladier, mélangez les œufs, le fromage blanc et la moutarde. Salez et poivrez.

3 Coupez le saumon et les brocolis cuits en tout petits morceaux puis mettez-les dans un plat allant au four. Versez la préparation liquide dessus et mélangez avant d'enfourner pour 30 min.

La cuisson vapeur est la plus diététique car elle ne nécessite pas d'ajout de matière grasse. Accompagnez ce flan d'une belle salade verte.

Pour 2 personnes
10 min de préparation
1 à 2 h de marinade

1 pamplemousse

250 g de crevettes cuites et décortiquées

1 citron vert (le jus)

2 avocats

100 g de mâche

1 pincée de graines de sésame (facultatif)

1 cuil. à café d'huile d'olive

Sel

Salade aux agrumes

De la fraîcheur, des vitamines et le côté sucré-salé que j'apprécie plus que tout pour apporter du peps à mes salades.

1 Pelez le pamplemousse à vif et coupez-le en rondelles.

2 Faites mariner les crevettes dans le jus du citron vert avec 1 ou 2 rondelles de pamplemousse pendant 1 à 2 h au frais.

3 Pelez les avocats, ôtez leur noyau, et coupez la chair en fines tranches.

4 Répartissez la mâche dans deux assiettes, ajoutez les tranches d'avocat, les crevettes marinées et les rondelles de pamplemousse.

5 Préparez l'assaisonnement en mélangeant l'huile d'olive et du sel (le pamplemousse fait office de sauce en bouche, un assaisonnement simple suffit). Vous pouvez également ajouter des graines de sésame, c'est délicieux !

Poke bowl

J'aime le principe du poke bowl car il permet de voir tout ce que l'on mange sans tricher, et il y a une réelle satisfaction au niveau visuel. Je voulais impressionner Benoît avec une belle assiette, j'ai donc décidé de me lancer dans cette préparation.

1 Faites cuire dans de l'eau bouillante les nouilles de riz quelques minutes, selon les indications du paquet, le temps qu'elles soient bien ramollies. Égouttez-les puis passez-les sous l'eau froide.

2 Pelez l'avocat et la mangue, et ôtez leur noyau. Coupez la chair d'avocat en tranches, et celle de la mangue en dés, ainsi que la feta.

3 Dressez dans deux assiettes : disposez les pousses de soja, la coriandre ciselée, les nouilles de riz et les crevettes. Assaisonnez de sauce soja, de jus de citron vert et de graines de sésame.

Pour 2 personnes
15 min de préparation

100 g de nouilles de riz

1 avocat

1 mangue

50 g de feta

100 g de pousses de soja

10 g de coriandre

100 g de crevettes cuites et décortiquées (ou de poisson de votre choix : saumon, thon, etc.)

2 cuil. à soupe de sauce soja

1 citron vert (le jus)

2 cuil. à café de graines de sésame

Recettes végétariennes

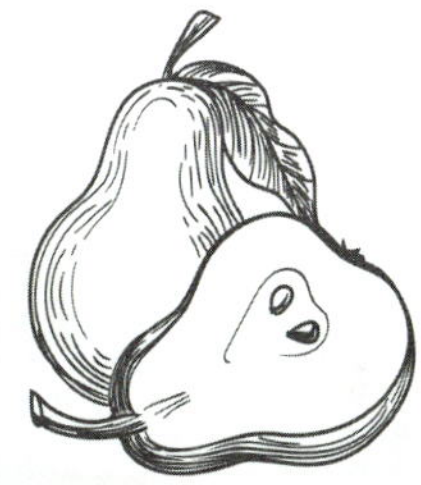

Galettes végétariennes

Accompagnées d'une salade verte, elles constitueront un repas très complet ! Ne faites pas des galettes trop grandes, afin de pouvoir les retourner facilement. Vous pouvez également essayer une variante avec des lentilles vertes.

Pour 2 personnes
15 min de préparation
Environ 20 min de cuisson

100 g de lentilles corail

1 courgette

1 gousse d'ail

1 oignon

1 œuf

40 g de Maïzena®

2-3 cuil. à café d'huile de coco (ou d'olive)

Curry

Cumin

Sel, poivre

1 Faites cuire les lentilles corail à l'eau bouillante en suivant les instructions sur le paquet.

2 Pendant ce temps, pelez et ciselez finement la courgette, l'ail et l'oignon. Faites-les revenir 5 à 10 min avec 1 cuil. à café d'huile de coco dans une poêle chaude.

3 Placez-les dans un saladier, ajoutez les lentilles cuites et l'œuf, et mélangez. Versez la Maïzena, un peu de curry, un peu de cumin, salez et poivrez. Mélangez encore jusqu'à obtenir une pâte homogène.

4 Faites chauffer une poêle avec un fond d'huile de coco et versez un peu de pâte pour former des galettes. Laisser cuire 3 à 5 min de chaque côté.

5 Pour savoir quand retourner vos galettes dans la poêle, attendez que les bords soient bien colorés : vous ne risquerez pas de les casser.

Salade de haricots verts frais

Pour 1 personne
5 min de préparation
30 min de cuisson

- 200 g de haricots verts frais
- 2 œufs
- 50 g de feta
- 10 tomates cerise (environ)
- Graines de sésame
- 1 cuil. à soupe de velours de balsamique
- 1 cuil. à café d'huile de sésame grillé
- Sel, poivre

Idéal si vous n'avez pas trop le temps de cuisiner, pour un pique-nique ou à emporter au travail pour la pause déjeuner. Faites cuire les haricots en début de semaine et gardez-les au frais puis, le jour même, préparez à la dernière minute cette salade hyper simple et complète.

1 Faites cuire les haricots verts frais à la vapeur pendant 12 à 15 min.

2 Dans une casserole d'eau bouillante, faites cuire les œufs 10 min. Laissez-les refroidir puis écalez-les.

3 Coupez grossièrement la feta. Lavez et coupez les tomates cerise en deux.

4 Dans une assiette, disposez tous les ingrédients. Saupoudrez de sésame et assaisonnez de balsamique et d'huile de sésame grillé. Salez et poivrez à votre convenance.

Tian de légumes méditerranéens

Un grand classique ! Vous pouvez l'adapter aux saisons ou y ajouter les légumes qui traînent chez vous. C'est assez long de placer tous les légumes alors n'hésitez pas à en faire un très gros plat, vous mangerez les restes dans la semaine. Ça sera du temps de gagné !

Pour 2 personnes
15 min de préparation
40 min de cuisson

2 courgettes

2 aubergines

2 tomates

1 poivron vert

1 poivron rouge

2 gousses d'ail

1 oignon

Herbes de Provence

1 cuil. à soupe d'huile d'olive

Sel, poivre

1 Nettoyez et coupez tous les légumes en rondelles, ne les coupez ni trop épais (sinon ils vont cuire difficilement) ni trop finement (sinon vous allez vous retrouver avec une sorte de bouillie). Pelez et coupez grossièrement l'ail et l'oignon.

2 Préchauffez le four à 160 °C (th. 5-6). Dans un plat à lasagnes, disposez les légumes d'une manière harmonieuse : aubergine, poivron, courgette, tomate, aubergine, poivron, courgette, tomate, etc. Ajoutez l'ail, l'oignon, l'huile d'olive et les herbes de Provence sur la préparation et assaisonnez.

3 Enfournez pour 40 min.

Fiez-vous à la photo pour la taille des rondelles de légumes. Si jamais les légumes deviennent un peu trop secs et qu'ils ont du mal à cuire, ajoutez un petit peu d'eau dans votre plat (progressivement, pour ne pas noyer le tian). Pour la cuisson, goûtez quand même, je ne chronomètre pas trop en cuisine.

Salade de petits pois

Pour 4 personnes
5 min de préparation
20 min de cuisson

400 g de petits pois frais

3 petits oignons rouges

150 g de feta

Ciboulette

Pignons de pin

Huile d'olive

Sel

Vous pouvez aussi utiliser des petits pois déjà cuits, en bocal. Dans ce cas-là, égouttez-les et passez directement à l'étape 2.

Je suis plutôt fière de cette recette que je trouve hyper originale. La première fois que je l'ai préparée, mon cousin venu d'Allemagne était à la maison et il a fait une tête étrange mais, finalement, il a adoré et a validé la recette pour vous.

1 Faites cuire les petits pois 15 min à la vapeur ou 20 min dans un grand volume d'eau (faites d'abord bouillir l'eau, plongez les petits pois et baissez le feu pour qu'elle frémisse juste). Passez-les ensuite dans une passoire sous l'eau froide.

2 Pelez et coupez finement les oignons rouges, et ajoutez-les aux petits pois. Effritez la feta dessus et, selon vos goûts, ajoutez de la ciboulette ciselée et des pignons de pin légèrement grillés qui donnent du croquant.

3 Assaisonnez simplement d'huile d'olive et de sel.

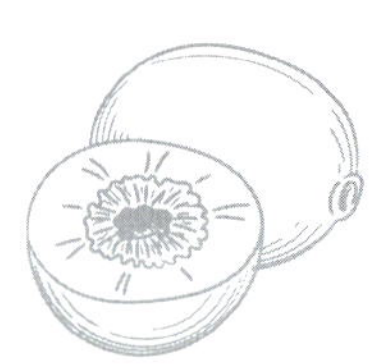

Gaspacho

Faites attention à l'ail ! Je suis une grande fan et j'en ai mis beaucoup la première fois : résultat, c'était immangeable !

Pour 3-4 personnes
10 min de préparation

- 1 concombre
- 2 tomates cœur-de-bœuf
- 2 poivrons jaunes
- 350 à 400 g de chair de pastèque
- 1 gousse d'ail
- 2 oignons nouveaux
- Paprika
- Sel
- Quelques glaçons

1 Lavez et coupez grossièrement le concombre, les tomates et les poivrons. Placez-les avec la pastèque dans un blender ou un mixeur et ajoutez l'ail pelé et les oignons ciselés.

2 Mixez le tout afin d'obtenir un jus.

3 Assaisonnez de paprika et de sel. Ajoutez les glaçons avant la dégustation, c'est encore meilleur !

Le gaspacho est une bombe de vitamines car les légumes ne sont pas cuits !

Dalh de lentilles corail et épinards

Pour 2 personnes
15 min de préparation
25 min de cuisson

- 100 g de lentilles corail
- 300 g d'épinards
- 1 oignon
- 2 gousses d'ail
- 1 petit morceau de gingembre frais
- Bouillon de légumes (1 cube + 20 cl d'eau chaude)
- 70 g de concentré de tomates
- 20 cl de lait de coco
- 20 g de coriandre fraîche
- 1 citron vert (le jus)
- Curry
- Curcuma
- Cumin
- Huile d'olive
- Sel, poivre

1 Pelez et émincez finement l'oignon, l'ail et le gingembre. Lavez les épinards.

2 Préparez le bouillon en mélangeant le cube et l'eau bien chaude.

3 Dans une grande poêle ou une sauteuse, avec un filet d'huile d'olive, sur feu moyen, faites revenir l'oignon, l'ail, le gingembre et le concentré de tomates. Ajoutez les épices : curry, curcuma, cumin, sel, poivre. Remuez et versez le lait de coco ainsi que le bouillon puis portez à ébullition.

4 Incorporez les lentilles corail et laissez cuire 15 min environ jusqu'à ce qu'elles soient tendres (ajoutez du bouillon si besoin).

5 Ajoutez alors la coriandre lavée et ciselée, le jus du citron et les épinards petit à petit. Laissez-les cuire quelques minutes puis servez.

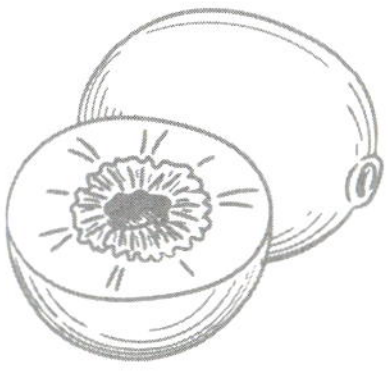

C'est comme pour le risotto, vous trouverez la quantité de bouillon idéale à ajouter pour obtenir la texture qui vous convient.

Pour 2 personnes
15 min de préparation
45 min de cuisson

3 aubergines

2 boules de mozzarella (environ 100 g par personne)

2 tomates cœur-de-bœuf

Herbes de Provence

Sel, poivre

Entailles d'aubergines

L'une de mes passions est d'entailler les aubergines ! Je pourrais manger ce plat tous les jours, il fait partie de mon best-of. C'est une recette qui fait l'unanimité auprès des petits comme des grands.

1 Préchauffez le four à 175 °C (th. 6 environ). Lavez les aubergines et coupez-les en tranches fines sans aller jusqu'au bout (vous les entaillez en éventail sans séparer les lamelles, cf. photo). Lavez et coupez les tomates en rondelles ainsi que les boules de mozzarella.

2 Dans chaque entaille d'aubergine, alternez une rondelle de tomate et une rondelle de mozzarella. Procédez ainsi jusqu'à épuisement des ingrédients.

3 Placez les aubergines sur une plaque à pâtisserie tapissée de papier sulfurisé et enfournez pour 45 min.

Salade d'aubergines

J'ai eu ma phase « passion aubergines » : je les ai testées sous toutes leurs formes et c'est par hasard que j'ai découvert cette délicieuse salade !

Pour 1 belle part

10 min de préparation

35 min de cuisson

- 2 aubergines
- 1 piment vert doux
- 1 petit oignon rouge
- Quelques tomates cerise
- Feuilles de mâche et roquette (quelques poignées)
- Pignons de pin
- Persil plat
- ½ citron jaune (le jus)
- 1 cuil. à soupe huile d'olive
- Sel

1 Lavez puis faites cuire les aubergines entières à la vapeur durant 35 min. Laissez-les refroidir.

2 Quand elles ont refroidi, pelez-les et laissez-les s'égoutter avant de les couper en petits dés.

3 Émincez le piment vert et l'oignon préalablement pelé. Lavez et coupez les tomates cerises en deux. Placez le tout dans un saladier, ajoutez les dés d'aubergines puis les feuilles de mâche et de roquette lavée, les pignons de pin (grillés si vous le souhaitez) et le persil ciselé.

4 Préparez la sauce en mélangeant simplement l'huile d'olive, le jus du citron et du sel. Versez sur la salade, mélangez et dégustez.

Velouté de courgettes

Pour 4 personnes
15 min de préparation
35 min de cuisson

3 courgettes

2 oignons

Bouillon de légumes (1 cube + 20 cl d'eau chaude)

50 g de ricotta

Curry

1 cuil. à café d'huile de coco

Graines de sésame

Ciboulette

Sel, poivre

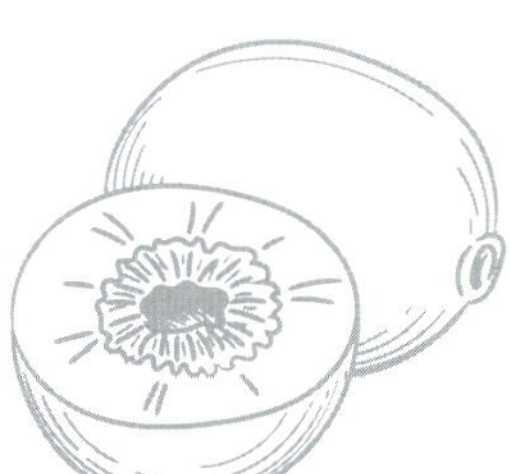

Cette recette, c'est l'histoire de mon enfance, avec les soupes de ma maman qu'elle préparait l'hiver. Le parfum de la courgette est vraiment celui qui me plonge dans la nostalgie de ces moments.

1 Lavez et coupez les courgettes en rondelles et faites-les cuire à la vapeur 30 min pour qu'elles soient bien fondantes.

2 Pendant ce temps, pelez et émincez les oignons. Faites-les revenir à la poêle dans l'huile de coco quelques minutes. Ajoutez du curry, à votre goût.

3 Réunissez la poêlée d'oignons et les courgettes dans le bol d'un mixeur et mixez-les avec le bouillon et la ricotta. Assaisonnez, actionnez une dernière fois le moteur : le velouté est prêt !

4 Versez dans des assiettes et ajoutez, pour la touche finale, des graines de sésame et un peu de ciboulette ciselée.

Galettes de légumes

Encore une expérimentation pour pouvoir manger des légumes d'une manière différente des ratatouilles ou autres préparations en manque de croquant. Voilà comment est née cette recette que j'adore.

Pour 2 personnes
15 min de préparation
50 min de cuisson

2 courgettes

1 aubergine

1 oignon

3 gousses d'ail

100 g de flocons d'avoine

80 g de fromage râpé

Huile d'olive

Sel

1 Pelez l'oignon et l'ail. Lavez et émincez très finement les courgettes et l'aubergine, ainsi que l'oignon et l'ail.

2 Dans une poêle, faites chauffer un peu d'huile d'olive et faites revenir les légumes pendant 15 min environ.

3 Préchauffez le four à 175 °C (th. 6 environ). Mixez les flocons d'avoine et le fromage râpé pour obtenir une poudre. Mélangez les légumes et la poudre d'avoine au fromage. Salez légèrement si vous voulez.

4 Sur une plaque à pâtisserie tapissée de papier sulfurisé, disposez des petites galettes de pâte à l'aide de vos mains puis enfournez pour 35 min.

Pour 2 personnes
5 min de préparation
20 min de cuisson

6 figues fraîches

150 g de lentilles vertes

Chèvre frais (à votre goût)

Mâche (1 petite poignée)

Sel

Lentilles figues-chèvre

L'association figue-chèvre est connue et n'a plus à faire ses preuves. Un jour où je ne voulais pas les faire en toasts, j'ai vu que j'avais un reste de lentilles et c'est comme cela que j'ai élaboré cette recette.

1 Faites cuire les lentilles 20 min (ou selon les indications du paquet) dans une casserole d'eau bouillante légèrement salée. À l'issue de la cuisson, égouttez-les et laissez-les tiédir.

2 Lavez et coupez les figues en morceaux. Émiettez le chèvre. Dans deux assiettes, répartissez les lentilles, le chèvre frais et la mâche.

Vous pouvez assaisonner avec la vinaigrette de votre choix.

Velouté butternut et lentilles corail

J'avais prévu de me faire une soupe un soir mais j'avais vraiment faim et besoin d'être calée. Alors, en plus de la courge butternut, j'ai décidé d'ajouter des lentilles corail. J'étais ainsi sainement repue et j'ai kiffé !

Pour 4 à 5 personnes

10 min de préparation

50 min de cuisson

5 carottes

1 moitié de courge butternut

2 oignons

170 g de lentilles corail

40 g de graines de courge

100 g de ricotta

2 Kub Or légumes Maggi®, moins 25 % de sel

Noix muscade

1 Épluchez et coupez en morceaux les carottes, la courge et les oignons.

2 Faites cuire les légumes coupés à la vapeur pendant 50 min environ (jusqu'à ce que les carottes soient tendres).

3 Faites cuire les lentilles corail avec les graines de courge dans de l'eau bouillante durant 15 min. Égouttez-les dans une passoire.

4 Réunissez les lentilles et les graines avec les légumes cuits dans le bol d'un mixeur. Ajoutez la ricotta, les Kub Or, râpez un peu de noix muscade dessus puis mixez le tout : c'est prêt !

Vous pouvez garder quelques graines de courge de côté pour la déco.

Croque-monsieur de légumes

Pour 4 croques
10 min de préparation
30 min de cuisson

1 courgette

1 poivron

½ oignon

1 aubergine

8 tranches de pain de mie complet

100 g de fromage de chèvre frais

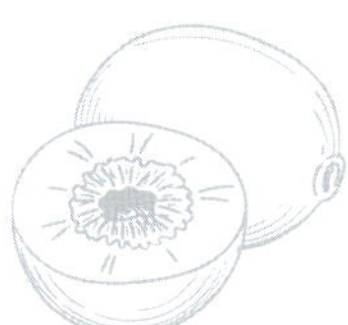

Encore une fois, un plat plaisir, habituellement gras et que j'ai imaginé sur un mode plus sain. Le croque-monsieur, rien de mieux pour un repas à partager entre amis ou en famille.

1 Épluchez et ciselez l'oignon. Lavez et coupez en petits morceaux la courgette, le poivron et l'aubergine. Faites chauffer un peu d'huile d'olive dans une poêle puis faites-les cuire pendant une vingtaine de minutes, jusqu'à ce qu'ils soient fondants.

2 Préchauffez le four en mode gril. Déposez 2 cuil. à soupe de légumes sur la moitié des tranches de pain. Répartissez le chèvre puis refermez les croques avec les tranches de pain restantes.

3 Faites-les dorer au four quelques minutes ou passez-les dans un appareil à croque-monsieur.

Salade de pâtes de lentilles corail

Pour 2 personnes
15 min de préparation
30 min de cuisson

250 g de pâtes de lentilles corail (ou de pois chiches)

1 aubergine

1 poignée de feuilles de mâche et roquette

10 tomates séchées

50 g de feta

Huile d'olive

Sel

Les salades sont tout de même les plats les plus faciles à réaliser, mais le plus dur reste de les varier. Avec des pâtes de lentilles corail comme base, celle-ci est consistante et gourmande à souhait.

1 Préchauffez le four à 180 °C (th. 6). Faites cuire les pâtes dans l'eau selon les instructions du paquet.

2 Pendant ce temps, lavez et coupez l'aubergine en fines rondelles, placez-les sur une plaque à pâtisserie recouverte de papier sulfurisé, badigeonnez-les d'huile d'olive et enfournez pour une vingtaine de minutes.

3 Égouttez les pâtes dans une passoire puis passez-les sous un filet d'eau froide et laissez-les égoutter encore.

4 Dans un saladier, placez la salade, les pâtes, les tomates séchées (égouttées dans un peu d'essuie-tout pour absorber l'huile). Coupez la feta en dés puis ajoutez-les avec les rondelles d'aubergine.

5 Mélangez, versez 2 cuil. à soupe d'huile d'olive, salez et dégustez !

Tomates à la provençale

Pour 2 personnes

10 min de préparation

15 min de cuisson

5 tomates cœur-de-bœuf

1 gousse d'ail

2 échalotes

150 g de chèvre frais

2 cuil. à soupe de chapelure

Huile d'olive

Sel, poivre

1 Préchauffez le four à 180 °C (th. 6). Lavez et coupez en deux les tomates, placez-les dans un plat allant au four sur du papier sulfurisé. Pelez l'ail et les échalotes puis ciselez-les. Coupez le chèvre en rondelles.

2 Mélangez la chapelure avec l'ail et les échalotes.

3 Salez et poivrez les demi-tomates puis versez un filet d'huile d'olive, saupoudrez de chapelure et disposez des lamelles de chèvre frais pour le côté gourmand.

4 Enfournez pour 15 min.

Une recette hyper simple et rapide à préparer !

Mini-gratin de quinoa

Pour 1 personne
15 min de préparation
40 min de cuisson

60 g de quinoa

1 courgette

100 g de champignons

10 cl de crème liquide 4 % de M.G.

1 cuil. à soupe de fromage râpé

Huile d'olive

La simplicité et l'efficacité sont au rendez-vous avec ce mini-gratin de quinoa. C'est une valeur sûre qui va vous régaler !

1 Préchauffez le four à 180 °C (th. 6). Faites cuire le quinoa comme indiqué sur le paquet. Lavez et coupez la courgette en dés, les champignons en lamelles.

2 Dans une poêle, faites chauffer un peu d'huile d'olive, et faites revenir les champignons et la courgette pendant 10-15 min. Mélangez les légumes avec le quinoa cuit et la crème.

3 Disposez le mélange dans une cassolette individuelle. Saupoudrez d'un peu de fromage râpé puis enfournez pour 25 min.

Recettes de base

Pâte brisée pour pizza ou tarte

Ce n'est pas comme une pâte classique que l'on peut trouver en supermarché, elle est plus épaisse. C'est un coup de main à prendre pour trouver la bonne épaisseur.

1 Préchauffez le four à 180 °C (th. 6). Mélangez tous les ingrédients, pétrissez quelques minutes à la main ou au robot afin d'obtenir une pâte homogène.

2 Farinez légèrement la pâte puis, avec un rouleau à pâtisserie, étalez très finement la pâte sur un papier sulfurisé et déposez-la dans un moule à tarte. Piquez le fond avec une fourchette puis enfournez-la à blanc pour une dizaine de minutes de précuisson.

Utilisez cette pâte comme une base pour vos tartes sucrées ou salées, ou vos quiches. Choisissez votre garniture et refaites cuire le tout ensuite.

Pour 1 tarte
20 min de préparation
10 min de cuisson
pour la pâte seule

370 g de farine de blé complet

250 g de fromage blanc 0 %

1 œuf

5 ml d'arôme de vanille

1 pincée de sel

Mini-pains complets express

Pour 4 petites boules
20 min de préparation
15 min de cuisson

220 g de farine complète

1 sachet de levure chimique

12 cl d'eau tiède

1 pincée de sel

1 cuil. à soupe d'huile d'olive

Personnellement, je préfère la version à la poêle, tandis que Benoît préfère ces pains cuits au four : à vous de choisir !

Cette recette est intéressante car elle est vraiment rapide, simple, sans temps de repos... Donc elle dépanne bien, et de façon saine. Vous pouvez autant les cuire à la poêle ou au four. J'aime bien alterner les deux façons.

1 Préchauffez le four à 175 °C (th. 6 environ). Mélangez puis pétrissez tous les ingrédients ensemble à la main jusqu'à ce que la pâte ne colle plus.

2 Partagez la pâte en 4 boules et placez-les sur une plaque à pâtisserie tapissée de papier sulfurisé.

3 Enfournez pour 15 min. À la sortie du four laissez tiédir avant de déguster.

4 Vous pouvez également cuire les pains à la poêle une dizaine de minutes, dans un tout petit peu d'huile, en les aplatissant en forme de galettes. Retournez-les au cours de la cuisson pour qu'ils dorent des deux côtés.

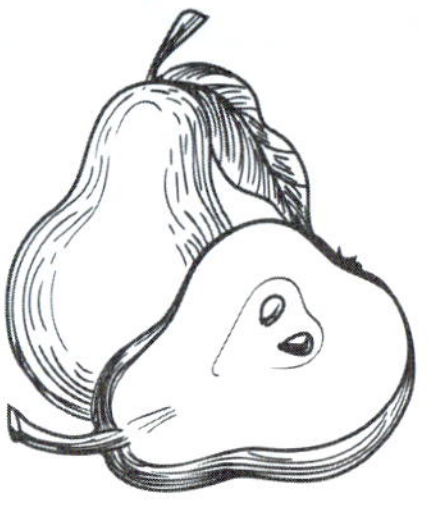

Table des matières

A

Avocado toast et œuf poché 95

B

Brioches au chocolat...................... 49

C

Cake aux légumes......................... 84

Carrot cake................................. 27

Cheesecake sans pâte 46

Courge butternut farcie 87

Courgettes farcies au thon............ 104

Courgettes rondes
farcies au poulet........................... 72

Crêpes salées au sarrasin 75

Croque-monsieur de légumes.......... 44

D

Dalh de lentilles corail
et épinards................................ 131

E

Entailles d'aubergines.................. 132

Fajitas healthy.............................. 80

Flan allégé.................................. 36

Flan saumon-brocoli 113

Fondants au chocolat
version haricots rouges 35

Fondant coco 57

Fondue de poireaux et saumon 96

G

Galettes de légumes 139

Galettes végétariennes 121

Gaspacho 129

Gâteau au yaourt.......................... 19

Granola maison 50

Gratin d'aubergines....................... 64

J

Jus détox.................................... 32

K

Konjac aux saint-jacques.............. 100

L

Lasagnes de courgettes................... 71

Légumes farcis 60

Lentilles façon chili con carne........... 63

Lentilles figues-chèvre.................. 140

M

Mini-gratin de quinoa................... 150

Mini-pains complets express 154

Muffins beurre de cacahuète 53

Muffins matcha-choco 45

O

Omelette épinards 68

P

Pad thaï.................................... 109

Pâte brisée pour pizza ou tarte 153

Pizzas d'aubergine 76

Poisson blanc aux agrumes 99

Poivrons farcis froids 110

Poke bowl................................. 117

Porridge au four 54

Porridge banane-chocolat noir 23

Pudding coco-chia 28

R

Rochers avoine-chocolat 38

Rouleaux de printemps 89

Roulés d'aubergine

à la coriandre............................... 83

Roulés saumon
et fromage frais 0% 92

S

Salade aux agrumes 114

Salade d'aubergines.................... 135

Salade de haricots verts frais 122

Salade de pâtes
de lentilles corail 146

Salade de petits pois 126

Salade hawaïenne 103

Salade mexicaine.......................... 67

Salade saumon-avocat 106

Sandwichs au chocolat 42

Smoothie vitaminé 31

Spaghettis de courgettes
à la bolognaise 79

T

Tian de légumes méditerranéens..... 125

Toasts à l'œuf 41

Toast figues-chèvre frais 24

Toast protéiné 20

Tomates à la provençale 149

V

Velouté butternut et lentilles corail 143

Velouté de courgettes 136

Remerciements

Un immense merci à mon mari Benoît pour avoir été un commis extraordinaire. D'avoir goûté, validé et englouti chacune de mes recettes avec autant d'amour. Je remercie aussi mon mini-chef Juliann de m'avoir soutenue et inspirée.

58, rue Jean Bleuzen – 92178 Vanves Cedex

Pour l'éditeur, le principe est d'utiliser des papiers composés de fibres naturelles, renouvelables, recyclables et fabriqués à partir de bois issus de forêts qui adoptent un système d'aménagement durable. En outre, l'éditeur attend de ses fournisseurs de papier qu'ils s'inscrivent dans une démarche de certification environnementale reconnue.

Direction : Catherine Saunier-Talec
Responsable éditoriale : Lisa Grall
Responsable de projet : Marie Naudet
Mise en page : SKGD-Création
Relecture : Charlotte Muller
Fabrication : Amélie Latsch
Responsable partenariats : Dana Lichiardopol
(dlichiardopol@hachette-livre.fr)

Dépôt légal : février 2021
12-2396-2/02
ISBN : 978-2-01-713806-8
Imprimé en Espagne par Egedsa en Février 2021

PAPIER À BASE DE FIBRES CERTIFIÉES

hachette PRATIQUE s'engage pour l'environnement en réduisant l'empreinte carbone de ses livres. Celle de cet exemplaire est de :
1,1 kg éq. CO_2
Rendez-vous sur www.hachette-durable.fr

Crédit des photos :

Bernard Radvaner : p. 18, 21, 22, 25, 26, 29, 30, 34, 37, 40, 43, 44, 47, 48, 52, 55, 56, 58, 61, 62, 65, 66, 69, 70, 73, 74, 77, 81, 82, 85, 86, 88, 90, 93, 96, 98, 101, 102, 105, 107, 108, 111, 112, 115, 116, 118, 120, 123, 124, 127, 128, 130, 133, 134, 137, 138, 141, 142, 145, 147, 148, 155.

Laurent Moynat :p. 5, 16, 33, 39, 51, 78, 94, 152 + photo de la couverture.

Les autres photos ont été fournies par **Jesta Hillmann** et lui appartiennent.